Lernwerkstatt

Erster Weltkrieg „Stellungskrieg“

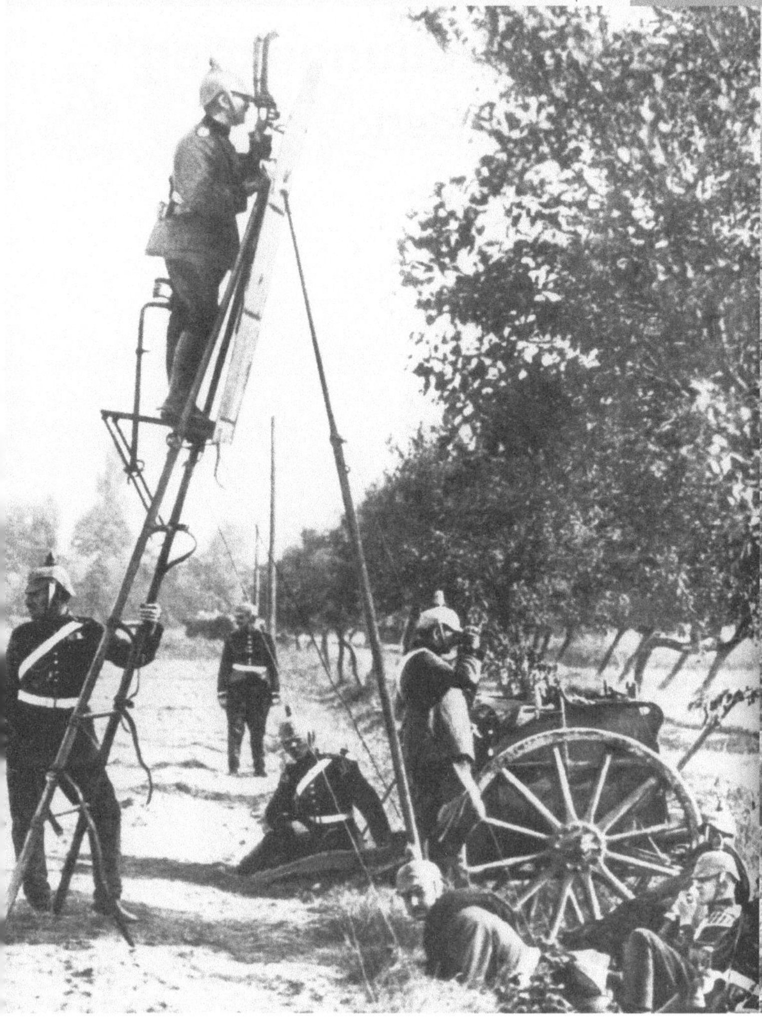

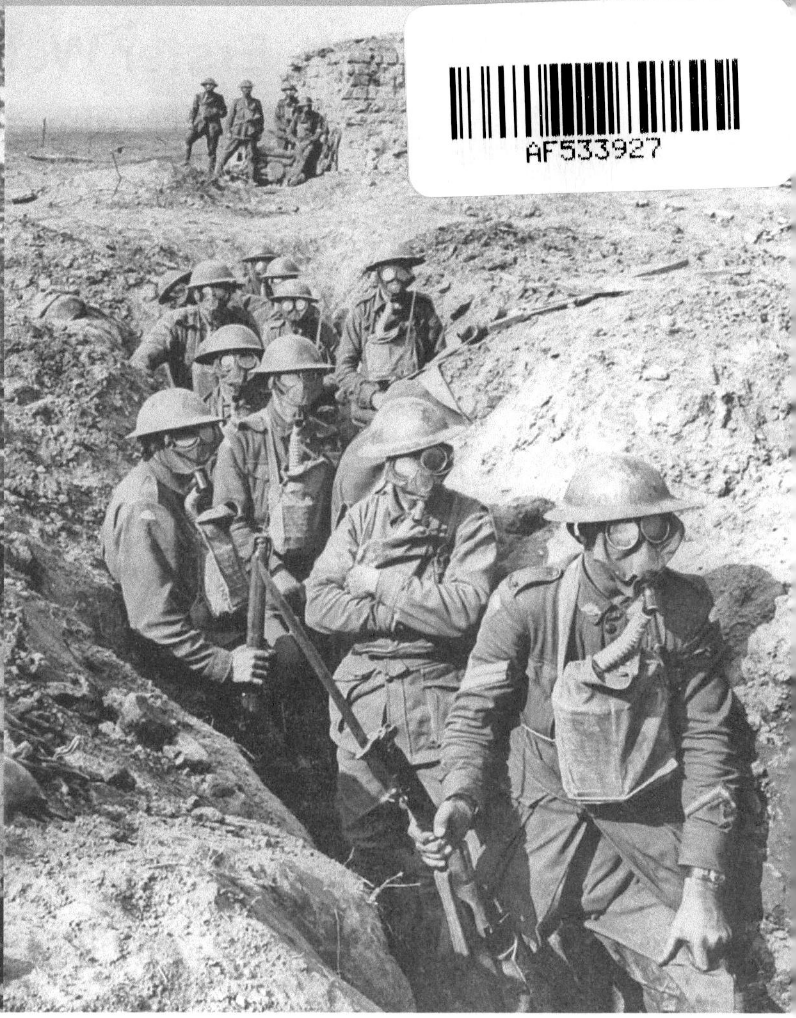

Die Urkatastrophe des 20. Jahrhunderts

Lernwerkstatt Erster Weltkrieg / „Stellungskrieg“

Die Urkatastrophe des 20. Jahrhunderts

8. Auflage 2025

Texte: Dirk Witt & Lynn-Sven Kohl
Aufgaben: Lynn-Sven Kohl & Moritz Quast
Redaktion: Kohl-Verlag
Grafik & Satz: Kohl-Verlag
Druck: elanders Druck, Waiblingen

Bestell-Nr. 10 689

ISBN: 978-3-86632-689-7

Kontakt: Kohl-Verlag, An der Brennerei 37-45, 50170 Kerpen
Tel: +49 2275 331610, Mail: info@kohlverlag.de

Inhalt

Lernwerkstatt ERSTER WELTKRIEG
Die Urkatastrophe des 20. Jahrhunderts – Bestell-Nr. 10 689
KOHL VERLAG

Vorwort und Hinweise für den Lehrer

Das Thema Erster Weltkrieg ist ein sehr interessantes und spannendes Kapitel in der Weltgeschichte. Aber das ist nicht alles, was Ihnen diese Lernwerkstatt zu bieten hat! Die wichtigsten Themen, die für einen genauen Einblick in die Zeit des Ersten Weltkrieges benötigt werden, finden sich in diesem Heft.
Darüber hinaus bieten die Arbeitsblätter stetig Anregungen zu Präsentationsthemen oder vielfältigen Partner- und Gruppenarbeiten. Das Material lässt sich auf vielfältige Art und Weise einsetzen. Zum Beispiel ist Stationenlernen im Klassenzimmer damit gut durchführbar. Die einzelnen Lernschritte bilden die Lernstationen. Diese können die Schüler ganz nach Belieben bearbeiten und die gesammelten Arbeitsblätter, Materialien und Ergebnisse zu einem eigenen Heft zusammenfügen. So hat am Ende jeder Schüler sein eigenes individuelles Material zum Ersten Weltkrieg, zu dem er vielleicht sogar ein eigenes Deckblatt entwerfen kann. Optimal wäre es, wenn den Schülern verschiedene Literatur (oder das schier unerschöpfliche Internet) zur Verfügung stünden.
Die einzelnen Stationen können von Ihnen natürlich auf verschiedenste Art und Weise ergänzt werden. Zum Beispiel durch:

- eine Kunst-Station:
  Die Schüler können in Einzel- oder Gruppenarbeit ganz verschiedene dem aktuellen Thema im Kunst-Unterricht angepasste Projekte umsetzen (z.B. das Gestalten mit den typischen Farben des Krieges (grau, braun, grün); Bilder zum Krieg malen; Druck mit dunklen Farben, so z.B. mit einer Pappvorlage in Menschenform, die einen Soldaten o.ä. darstellt), oder eine freie Gestaltung zum Thema Krieg & Frieden.
- eine Musik-Ecke:
  Verschiedene Lieder aus der Zeit des Krieges werden gesungen (Ein gutes Beispiel hierbei sind verschiedene Schlachtrufe.). Die Schüler können versuchen, selbst kreativ zu werden und eigene der damaligen Zeit angepasste Liedtexte erfinden (z.B. Anti-Kriegs-Lieder).
- Interessant ist auch der Ausblick in die Nachbarländer. Wie erging es den nicht in den Krieg involvierten Nachbarstaaten in den Jahren 1914-1918?
- Wie sah der Alltag während der Zeit des Ersten Weltkrieges aus? Welches Wissen, welche Informationen wurden der Bevölkerung vermittelt? Wie sah es in den Städten aus, wie auf dem Land?
- Was findet sich an Informationen über den Kohlrübenwinter?
- Sie können Tagebucheintragungen aus der Sicht eines Jugendlichen, der den Krieg und seine Auswirkungen hautnah miterlebte, mitschreiben. Besonders geeignet ist hierbei der Bericht vom Fronturlaub eines Verwandten.
- Sie können ausarbeiten lassen, welche Bedeutung der Krieg für die weitere politische Entwicklung in Europa hatte.
- Sie können Friedensgedichte verfassen lassen.

Ihnen bietet sich stets die Möglichkeit, die Informationstexte getrennt von den Aufgaben zu bearbeiten. Je nach Ihren Wünschen und den entsprechenden Bedürfnissen bieten die einzelnen Aufgaben für jeden Lerntyp unterschiedlichste Anregungen!

Wir wünschen Ihnen viel Freude und Erfolg mit der vorliegenden Lernwerkstatt!

Ihr Kohl-Verlag

**Mit Schülern bzw. Lehrern sind im ganzen Band selbstverständlich auch die Schülerinnen und Lehrerinnen gemeint.*

Bedeutung der Symbole:

EA **Einzelarbeit**

PA **Partnerarbeit**

Schreibe ins Heft

Arbeiten in kleinen Gruppen

GA **Arbeiten mit der ganzen Gruppe**

Die Urkatastrophe

Der Erste Weltkrieg - die Urkatastrophe

Was ist die Urkatastrophe für uns Menschen? Die Sintflut zur Zeit Noahs, der Tsunami aus dem Jahre 2004 oder ein Vulkanausbruch? Nein, es ist eine Katastrophe, die die Menschen allein verschuldet haben – ein Krieg.

Im August 1914 begann ein Krieg, der von den meisten beteiligten Ländern freudig begrüßt wurde. Menschen zogen jubelnd durch die Städte, stürmten die Kasernen, um endlich in den Krieg ziehen zu können. Nicht wehrfähige Männer verschwanden voller Scham und Traurigkeit in ihren Wohnungen und ließen sich nicht mehr blicken. Doch schon nach mehreren Monaten spürten die Menschen, dieser Krieg ist etwas Einschneidendes. Man nannte ihn deshalb den „Großen Krieg". Er war so erschreckend, so grausam, so todbringend, so allumfassend, dass spätere Historiker ihn die „Urkatastrophe" nannten – es war der „Erste Weltkrieg".

Es war ein Krieg der sich so extrem von den bisherigen militärischen Auseinandersetzungen unterschied, wie es nie ein Mensch der damaligen Zeit vermutet hätte. Über 20 Länder waren in ihn verstrickt. 70 Millionen Soldaten aus der ganzen Welt nahmen an ihm teil. Mehr als neun Millionen ließen ihr Leben, viele weitere Millionen wurden für immer verstümmelt und traumatisiert. Hinzu kamen über eine Million Todesopfer in der Zivilbevölkerung. Ein Leid, welches alles andere in den Schatten stellte. Erstmals kämpften nicht nur Soldaten gegeneinander. Ganze Völker wurden in die Kriegsmaschinerie hineingezogen. Länder, die bisher überwiegend landwirtschaftlich geprägt waren, bauten riesige Industriezweige auf, die ausschließlich Kriegsgeräte produzierten. Bestehende Betriebe wurden auf Kriegsproduktion umgestellt.

Die Zivilbevölkerung musste enorme Belastungen auf sich nehmen, um die Armeen in den vier Kriegsjahren zu versorgen. Zu jedem Zeitpunkt wurden die Menschen aufgefordert zu spenden und Kriegsanleihen zu kaufen. Man forderte sie zum Verzicht auf. Alles den Soldaten – nur dann werden wir den Krieg schließlich gewinnen!

Furchtbar war die Verbindung von Wissenschaft und Militär. Erstmals wurde ein Krieg nicht nur auf dem Lande ausgetragen, sondern auch auf und im Wasser und in der Luft. Panzer, riesige Schlachtschiffe, Geschütze und Giftgas brachten einen bisher unbekannten Tod. Die in den vergangenen Jahrzehnten erbaute Eisenbahn wurde militärisch genutzt, um zigtausende Soldaten schnellstmöglich an die Front zu bringen. All dies war im Bewusstsein der Menschen so einschneidend, dass sie es selbst als eine Katastrophe empfanden. Im November 1918, als der Friedensschluss erfolgte, war nichts mehr wie es war.

Du wirst in den folgenden Kapiteln erfahren, wie es zu diesem Krieg kam, ob er hätte verhindert werden können, wie er auf die Menschen wirkte, was es bedeutete, den Frontalltag zu überleben und wie es zu seinem Ende kam, der gleichzeitig Geburtsstunde für einen neuen, noch schrecklicheren Krieg wurde – dem „Zweiten Weltkrieg".

EA

Aufgabe 1: *Erstelle in deinem Heft eine Stichwortauflistung mit den Fakten, die aus dem obigen Infotext zu erfahren sind.*

I. Die politische Stimmung spitzt sich zu

Ursachen und Gründe für den Kriegsausbruch

Im November 1918 ist der Krieg endlich zu Ende. Die Friedensverhandlungen zwischen Deutschland und seinen Feinden Frankreich und England beginnen. Heraus kommt ein Friedensschluss, in dem festgehalten wird, dass Deutschland die alleinige Schuld am Ausbruch des Krieges trägt. War dem wirklich so? Hatte Deutschland alles allein zu verschulden?

Der deutsch-französische Krieg von 1870/1871 endete mit einem Sieg für Deutschland, das diesen Triumph nutzte, um im Schloss von Versailles (nahe bei Paris) das Deutsche Reich auszurufen. Gleichzeitig wurde Elsaß-Lothringen dem Deutschen Reich zugeschlagen und Frankreich musste hohe Kriegsentschädigungen zahlen. Dies konnte und wollte die französische Regierung nicht akzeptieren. Das Verhältnis von Deutschland und Frankreich war ab diesem Zeitpunkt immer angespannt und auf Feindschaft ausgerichtet.

In den Jahren bis 1914 entwickelte sich die Wirtschaft in den europäischen Großmächten enorm rasant. Technische Neuentwicklungen, Beschleunigung von Handel, Verkehr und Kommunikation kennzeichneten diese Entwicklung. Gleichzeitig versuchten die Großmächte, ihre Reiche durch militärische Eroberungen fremder Länder zu vergrößern. Man wollte diese Kolonien ausbeuten und somit die eigene Macht vergrößern. Deutschland, das neue Großreich in der Mitte Europas, konnte in der wirtschaftlichen Entwicklung zwar mithalten, aber bei der Eroberung von Kolonien verpasste es den Anschluss. Trotzdem wurde die deutsche Politik und seine Entwicklung von den anderen Großmächten kritisch beobachtet.

EA

Aufgabe 1: *Erkläre, warum Deutschland und Frankreich schon vor dem Ersten Weltkrieg ein sehr angespanntes Verhältnis hatten.*

____

____

____

____

EA

Aufgabe 2: *Nenne drei Bereiche, in denen sich die Wirtschaft der europäischen Großmächte bis 1914 rasant entwickelte.*

____

____

____

EA

Aufgabe 3: *Wo verpasste Deutschland in der Entwicklung vor 1914 den Anschluss?*

____

____

I. Die politische Stimmung spitzt sich zu

EA

Aufgabe 4: *Welchen Vorteil brachten die Kolonien ihren Besitzern?*

Ab den letzten Jahren des 19. Jahrhunderts verabschiedete Deutschland sich nach und nach von seiner eher zurückhaltenden Außenpolitik. Der neue Kaiser Wilhelm II. wollte für sich und seine Untertanen den „Platz an der Sonne" erkämpfen.

Deutschland bestand nun entsprechend seiner wirtschaftlichen Macht auf eine Neuaufteilung der Welt und wollte weltpolitisch eine größere Rolle spielen. Um diesen Anspruch zu bekräftigen, ließen die Deutschen ihre militärische Flotte unter Leitung des Admirals von Tirpitz ausbauen. Großbritannien, die führende Seemacht, sah dieser Entwicklung mit Besorgnis entgegen und rüstete seine Flotte daraufhin weiter auf. So erreichte Deutschland nie ein annäherndes Gleichgewicht auf See. Das Verhältnis zu Großbritannien war somit gestört und England stand als Bündnispartner nicht mehr zur Verfügung. Gleichzeitig rüsteten aber auch Frankreich und Russland ihre Armeen weiter auf, sodass das Bedrohungsgefühl in Deutschland weiter wuchs. Das gute Verhältnis zu Russland, das unter Bismarck aufgebaut wurde, ließ man merklich abkühlen und Deutschland schlug sich auf die Seite von Österreich-Ungarn, das gegen Russland um Einfluss auf dem Balkan kämpfte.

Kaiser Wilhelm II.

1892 gingen Frankreich und Russland ein Bündnis ein, das sich Frankreich mit finanzieller Unterstützung und einem Militärabkommen erkaufte. Hinzu kam, dass 1904 Frankreich und England in der Entente cordiale* bekräftigten, dass sie künftig alle Fragen in freundschaftlichem Einvernehmen lösen wollen. Der Weg Deutschlands in die Isolation war 1907 perfekt, als England und Russland ihre Auseinandersetzungen um asiatische Einflusszonen beilegten. Von nun an standen sich zwei ungleiche Blöcke feindlich in Europa gegenüber – die Triple Entente mit Frankreich, England und Russland und der 1882 geschlossene Dreibund mit Deutschland, Österreich-Ungarn und Italien. Ganz Europa rüstete um die Wette auf, zu Wasser und zu Lande. Viele erwarteten den Krieg, einige ersehnten ihn.

Freundschaftliche Vereinbarung zwischen verschiedenen Staaten

EA

Aufgabe 5: *Beantworte die folgenden Fragen in vollständigen Sätzen im Heft.*

a) Deutschlands wirtschaftliche Macht war recht groß. Worauf bestand nun Kaiser Wilhelm II., um dieser wirtschaftlichen Macht auch politisch gerecht zu werden?

b) Welche Folgen hatte das Ausbauen der militärischen Flotte? Wer fühlte sich dadurch bedroht?

c) Wieso fühlte sich Deutschland trotz der Aufrüstung seiner Flotte von außen massiv bedroht?

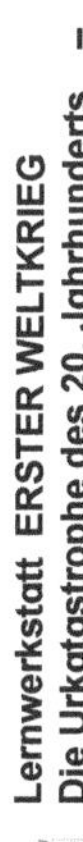

I. Die politische Stimmung spitzt sich zu

EA

Aufgabe 6:

Nimm einen Atlas zur Hilfe und markiere unten die Länder des Balkans, in denen Österreich um Einfluss kämpfte.

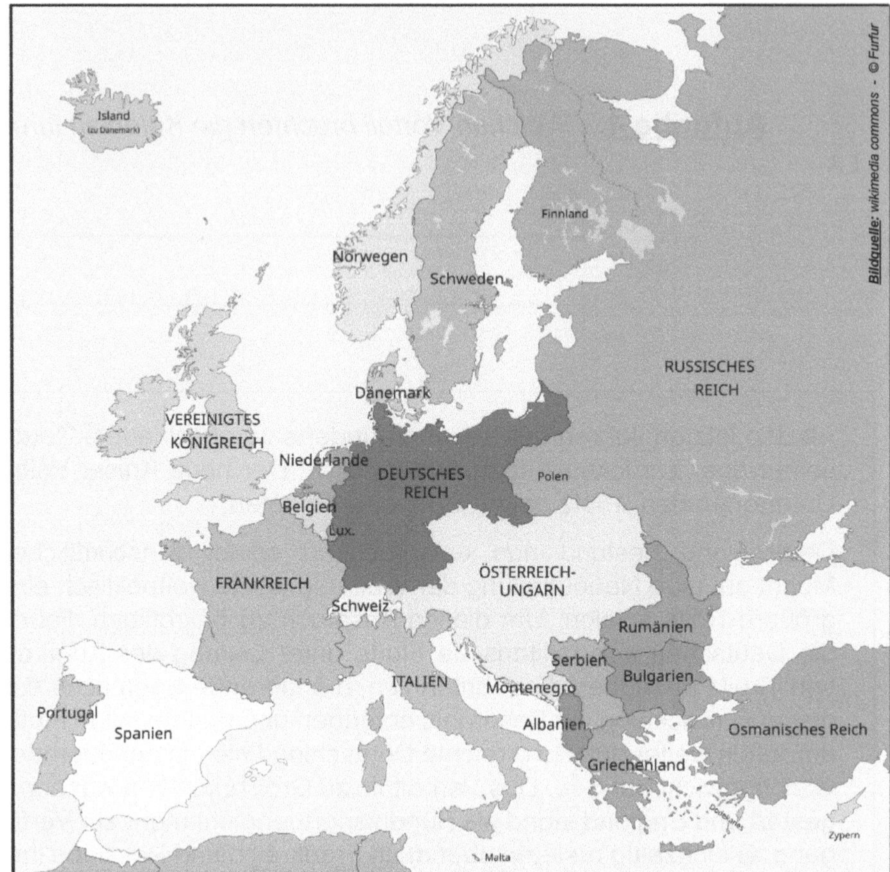

Europa um 1914

EA

Aufgabe 7: *Wieso kühlte das ehemals gute Verhältnis zu Russland merklich ab? Was war hierfür der Auslöser?*

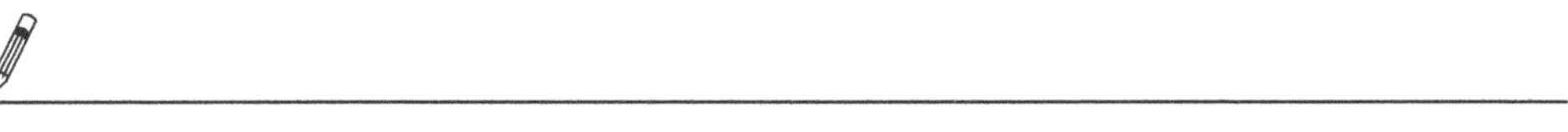

____

EA

Aufgabe 8: *Vervollständige die „Bündnisgrafik“. Benutze hierzu folgende Angaben: 1892, 1907, Entente cordiale, Dreibund.*

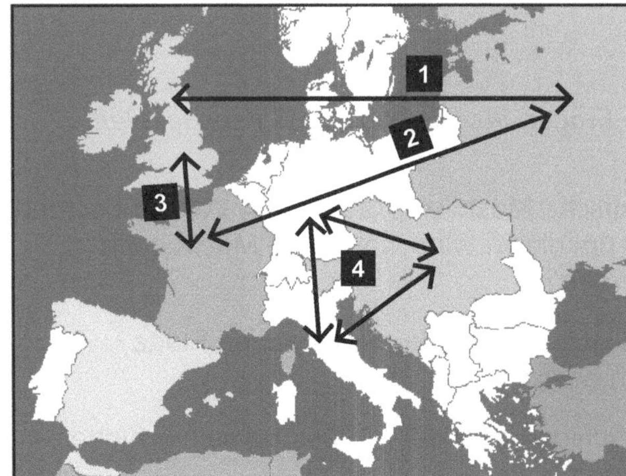

1 ____

____

2 ____

____

3 ____

____

4 ____

____

Lernwerkstatt ERSTER WELTKRIEG
Die Urkatastrophe des 20. Jahrhunderts - Bestell-Nr. 10 689
KOHL VERLAG

II. Der Fall Sarajevo

Ein Attentat verändert die Welt

Der 28. Juni des Jahres 1914 ist ein sonniger, warmer Sonntag in Sarajevo. Der zukünftige Kaiser von Österreich, Erzherzog Franz Ferdinand, fährt mit seiner Frau in einem Auto mit offenem Verdeck in Richtung Rathaus zum Empfang. Der Straßenrand ist gesäumt mit neugierigen Passanten, unter ihnen befindet sich auch ein neunzehnjähriger junger Mann serbischer Herkunft Namens Gavrilo Princip. Dieser hat ein Attentat auf den Thronfolger geplant. Als das Auto mit dem zukünftigen Kaiser Franz Ferdinand an dem jungen Mann vorbeirollt, zückt dieser plötzlich eine Pistole und tötet Franz Ferdinand mit zwei Schüssen. Dieses Attentat wird weitreichende Folgen haben, denn die ohnehin schon enorm gespannte politische Stimmung in Europa eskaliert. Was aber ist der Hintergrund dieses Attentates?

Deutschland war seit 1870 immer bemüht, das Kaiserreich der Österreicher von Deutschland weg hin zum Balkan zu drängen. Sie unterstützten die österreichischen Bestrebungen, weitere Länder des Balkans in ihr Reich einzugliedern, so auch 1908 mit den Provinzen Bosnien und Herzegowina. Serbien und das befreundete Russland sahen dieser Entwicklung mit großem Misstrauen entgegen und versuchten durch zwei Kriege selbst mehr Einfluss und Macht auf dem Balkan zu erreichen. Der Balkan wurde somit zum „Pulverfass" von Europa. Erzherzog Franz Ferdinand war dabei ein ausgemachter Feind der Serben, denn er wollte nach seiner Kaiserkrönung die Länder des Balkans unter dem Dach des Hauses Habsburg zusammenfassen. Deswegen trachteten nationalistische Serben – schließlich erfolgreich – nach seinem Leben.

EA

Aufgabe 1: **a)** *Welches Ziel verfolgte Deutschland seit 1870 und aus welchem Grund?*

____

____

____

b) *Wieso war Erzherzog Franz Ferdinand ein ausgemachter Feind der Serben? Erläutere.*

____

____

____

____

KOHL VERLAG Lernwerkstatt ERSTER WELTKRIEG Die Urkatastrophe des 20. Jahrhunderts – Bestell-Nr. 10 689

II. Der Fall Sarajevo

EA

Aufgabe 2: *Wieso wurde der Balkan zum „Pulverfass“ Europas? Erkläre. Schreibe in dein Heft/in deinen Ordner.*

EA

Aufgabe 3:
- *Fülle die Lücken mit den richtigen Begriffen und trage die Wörter in das Kreuzworträtsel ein.*
- *Die Buchstaben in den grau unterlegten Kästchen ergeben, in die richtige Reihenfolge gebracht, ein Lösungswort.*

a) Wer ist Erzherzog Franz Ferdinand?
Franz Ferdinand soll der zukünftige ______________ von Österreich werden.

b) Was hat ein neunzehnjähriger Serbe am 28. Juni 1914 geplant?

Er hat ein ______________ auf ihn geplant.

c) Wie tötete der junge Serbe den Thronfolger? Er ______________ ihn in seinem Wagen.

d) Wo eskalierte aufgrund dieses Attentates die politische Stimmung?

Die politische Stimmung eskalierte in ______________.

e) Was war der Hintergrund des Attentates?
Österreich wollte die Länder des Balkans in sein ______________ eingliedern.

f) Was war Erzherzog Franz Ferdinand in den Augen der Serben?

Er war ihr ___________, da er Serbien Österreich unterwerfen wollte.

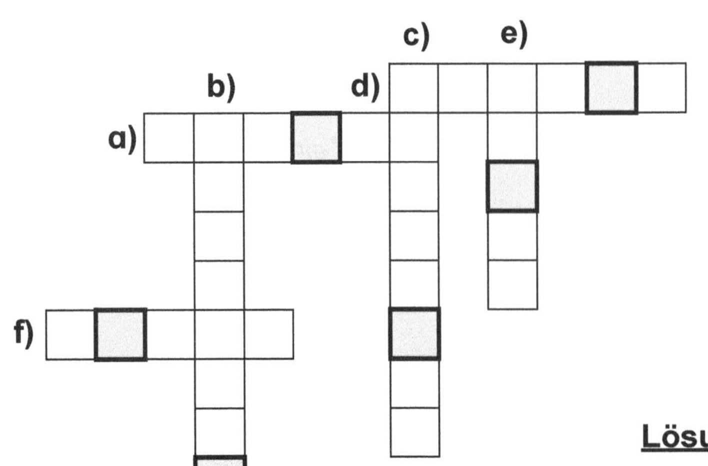

Lösungswort:

__ __ __ __ __ L __

II. Der Fall Sarajevo

Die politische und letztendlich auch militärische Eskalation ist nach diesem Attentat nicht mehr aufzuhalten. Die Nachricht erreicht Berlin, Wien, Paris, Sankt Petersburg und London schnell. Bereits fünf Wochen später stehen sich die mächtigsten Staaten von Europa im tödlichen Kampf gegenüber. Warum aber konnten zwei Pistolenkugeln diesen Weltkrieg ausbrechen lassen? Alle beteiligten Großmächte sahen den Krieg, aber sie konnten oder wollten ihn nicht verhindern. Ein Wechselspiel aus Drohungen und Einschüchterungen setzte in der europäischen Politik ein. Österreich-Ungarn setzte Serbien und somit seinem Verbündeten Russland ein Ultimatum, das kaum zu erfüllen war. Gedrängt und unterstützt durch den Deutschen Kaiser und seine militärischen Berater akzeptierte die Habsburger Diplomatie nur eine vollständige Erfüllung ihrer Wünsche seitens Serbien. Als diese ausweichend antworten, erklärte Österreich-Ungarn Serbien am 28. Juli 1914 den Krieg. Nun war es eine Minute vor Zwölf! Ein Wettstreit um die schnellste Mobilmachung entbrannte. Die Militärs aller Länder waren der Auffassung, dass derjenige den Sieg erringen wird, der es schafft, seine Armee als erster in Stellung zu bringen und zum Angriff zu führen. Die Politiker aller Länder stimmten bedenkenlos zu und gaben der Diplomatie keine Chance. Durch die russische Mobilmachung sah sich auch Deutschland gezwungen, schnellstmöglich zu handeln.

Der deutsche General von Schlieffen hatte bereits 1892 einen militärischen Plan entworfen, der dann in Kraft treten sollte, wenn Deutschland Gefahr läuft, in einen Zweifrontenkrieg zu geraten. Dieser Umstand traf nun ein. Deutsche Soldaten marschierten am 2. August in Luxemburg und am 3. August in Belgien ein. Ziel dieser Angriffe war, schnellstmöglich eine günstige Angriffsposition auf Frankreich zu erlangen, das Nachbarland so früh wie möglich anzugreifen und schließlich vernichtend zu schlagen. Man ging davon aus, nur so genügend Reserven in der Hinterhand zu behalten, um mit Russland um Land und Macht zu kämpfen. Die Kriegserklärung gegen Belgien zog England mit in den Krieg, da beide Länder freundschaftlich miteinander verbunden waren. Der Flächenbrand in Europa nahm seinen Anfang.

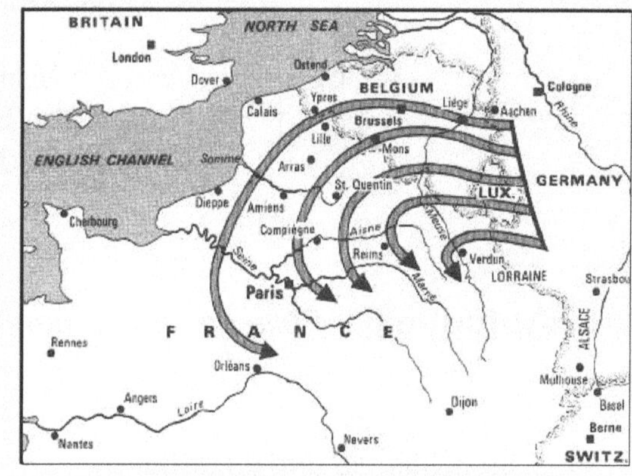

Der sogenannte „Schlieffen-Plan“

EA

Aufgabe 4: *Die europäische Politik bestand nach dem tödlichen Attentat auf Erzherzog Franz Ferdinand aus vielen Drohungen und Einschüchterungen. Welche Länder wurden durch das Ultimatum Österreich-Ungarns gegenüber Serbien noch in den Konflikt hineingezogen und aus welchen Gründen?*

EA

Aufgabe 5: *Was versteht man unter einem „Zweifrontenkrieg“? Recherchiere und erkläre mit deinen eigenen Worten!*

KOHL VERLAG Lernwerkstatt ERSTER WELTKRIEG Die Urkatastrophe des 20. Jahrhunderts – Bestell-Nr. 10 689

II. Der Fall Sarajevo

EA

Aufgabe 6: *Welche Folgen hatte das Einmarschieren der Deutschen Streitkräfte in das Land Belgien?*

____

____

EA

Aufgabe 7: *Warum entstand ein Wettstreit um die schnellste Mobilmachung? Kreuze die richtige Antwort an.*

a) ☐ Weil die Militärs aller Länder der Auffassung waren, dass die Mobilmachung ganz gut vorbereitet sein sollte.

b) ☐ Weil die Militärs aller Länder erwarteten, dass diejenige Nation den Sieg holen würde, die seine Armee besonders gut ausgerüstet hatte.

c) ☐ Weil die Militärs aller Länder glaubten, dass diejenige Nation den Sieg holen würde, die ihre Armee als erste in Stellung und schließlich zum Angriff führen könnte.

EA

Aufgabe 8: *Fülle den folgenden Lückentext mit den richtigen Begriffen.*

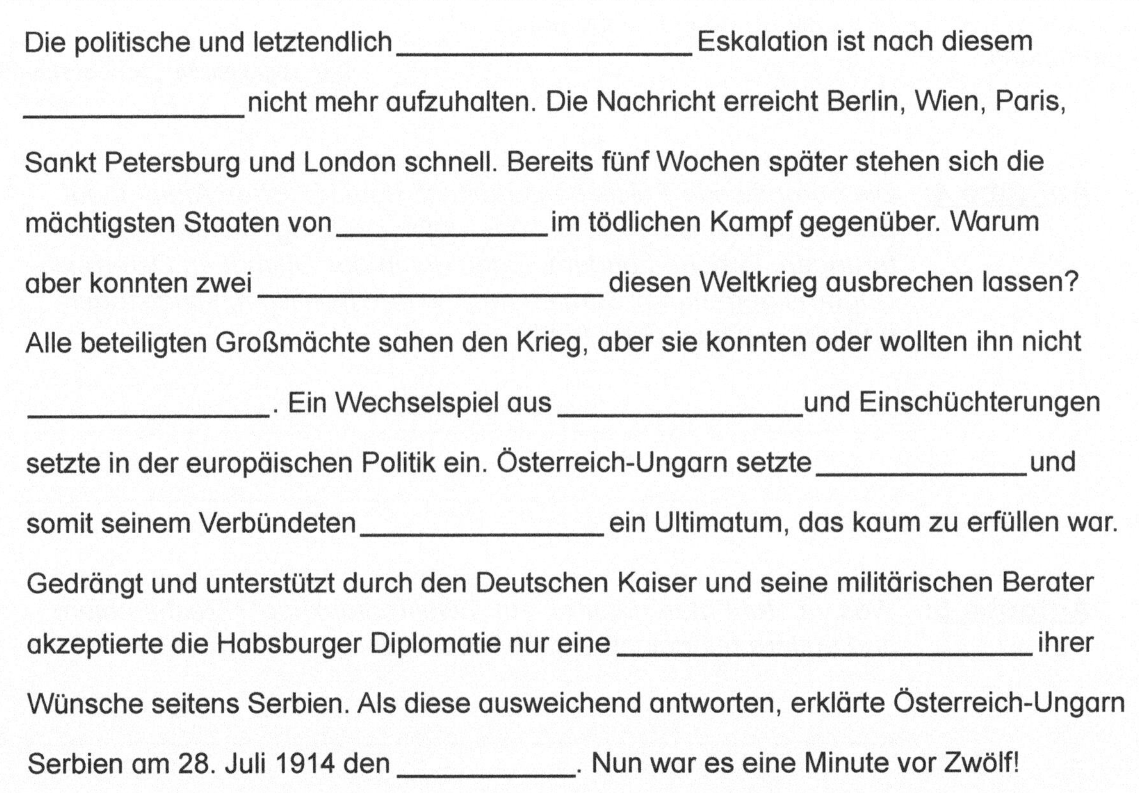

Die politische und letztendlich __________________ Eskalation ist nach diesem ______________ nicht mehr aufzuhalten. Die Nachricht erreicht Berlin, Wien, Paris, Sankt Petersburg und London schnell. Bereits fünf Wochen später stehen sich die mächtigsten Staaten von _____________ im tödlichen Kampf gegenüber. Warum aber konnten zwei ______________________ diesen Weltkrieg ausbrechen lassen? Alle beteiligten Großmächte sahen den Krieg, aber sie konnten oder wollten ihn nicht ______________. Ein Wechselspiel aus _______________ und Einschüchterungen setzte in der europäischen Politik ein. Österreich-Ungarn setzte _____________ und somit seinem Verbündeten _______________ ein Ultimatum, das kaum zu erfüllen war. Gedrängt und unterstützt durch den Deutschen Kaiser und seine militärischen Berater akzeptierte die Habsburger Diplomatie nur eine __________________________ ihrer Wünsche seitens Serbien. Als diese ausweichend antworten, erklärte Österreich-Ungarn Serbien am 28. Juli 1914 den ___________. Nun war es eine Minute vor Zwölf!

Lernwerkstatt ERSTER WELTKRIEG
Die Urkatastrophe des 20. Jahrhunderts – Bestell-Nr. 10 689

III. Kriegsbegeisterung in Europa

Egal, ob nun Berlin, Wien, Paris, London, Moskau – in allen großen Städten das gleiche Bild: Männer und Frauen ziehen bei wunderschönem Sonnenwetter freudig durch die Straßen. Sie jubeln und jauchzen. Die Männer werfen vor jedem Fotografen, der am Straßenrand steht, ihre Hüte in die Luft und lachen. Frauen werfen Blumen und tun, was sonst in aller Öffentlichkeit verboten ist, sie umarmen die Männer. Was für ein freudiger Anblick – ein europäisches Volksfest? Nein. Endlich hat er angefangen, endlich ist er ausgebrochen, endlich haben die Politiker ihn erklärt – endlich, es herrscht Krieg!

Was für die meisten Menschen heute unvorstellbar ist, spielte sich wirklich im Sommer 1914 in den meisten Großstädten ab. Es herrschte in allen beteiligten Ländern Kriegsbegeisterung. Die Menschen taumelten in zukünftiger Siegessicherheit. Opferbereitschaft weit und breit – für das Vaterland zu sterben war ehrenvoll, aber man war sich sicher, dass es einen selbst nicht treffen würde, weil der Krieg nur sehr kurz andauern würde – Weihnachten sei man ja schließlich wieder zu Hause.

In den Ländern, in denen die Wehrpflicht bereits herrschte, wartete man ungeduldig auf die Einberufung. Kam die ersehnte Post dann, war es nur noch eine Frage von Stunden, um sich zu verabschieden und endlich den Kasernenhof zu betreten. In England herrschte die „Augustverrücktheit", wie man liebevoll den ersten Kriegsmonat bezeichnete. Lange Schlangen und stundenlanges Anstehen, um endlich gemustert und zur Armee eingezogen zu werden. Männer, die keine Einberufung bekamen oder gar als kriegsuntauglich eingestuft wurden, sind voller Scham und Schande und betrachten dies in ihren Tagebüchern oft als größte persönliche Katastrophe. So schreibt Käthe Kollwitz in ihrem Tagebuch, dass sie, auf dem Bahnhof stehend, einen Mann beobachtet, der sich vor einen fahrenden Zug wirft und dabei ums Leben kommt. Am nächsten Tag liest sie den Grund in der Zeitung. Er war militäruntauglich.

Deutsche Soldaten auf dem Weg zur Front

Überall herrschte die „Große Illusion". Es werde wohl ein kurzer und siegreicher Krieg, in dem nur wenige Opfer zu beklagen seien.

EA

Aufgabe 1: *Wie reagierten viele Menschen auf den Ausbruch des Krieges? Nenne drei Beispiele.*

- ______________________________
- ______________________________
- ______________________________

EA

Aufgabe 2: *Wie schätzte man bei Ausbruch des Krieges den Kriegsverlauf ein?*

____

____

KOHL VERLAG Lernwerkstatt ERSTER WELTKRIEG Die Urkatastrophe des 20. Jahrhunderts – Bestell-Nr. 10 689

III. Kriegsbegeisterung in Europa

EA

Aufgabe 3: *Wie verhielten sich die Menschen in England, als dort die sogenannte „Augustverrücktheit“ ausbrach? Erkläre.*

EA

Aufgabe 4: *Wie reagierten etliche Männer, die als kriegsuntauglich eingestuft wurden?*

PA

Aufgabe 5: *Wie konnte es in Europa eigentlich zu solch einer großen Kriegsbegeisterung kommen? Findet gemeinsam Erklärungen.*

EA

Aufgabe 6: *Erkläre mit deinen eigenen Worten, was die „Große Illusion“ des Ersten Weltkrieges war?*

III. Kriegsbegeisterung in Europa

Eine große Rolle für diese Kriegsbegeisterung spielten die Zeitungen und die Kirche. Während des gesamten Krieges waren die meisten Zeitungen bereit, ihrem Vaterland zu dienen. Sie schrieben in ihren Artikeln, wie wichtig es sei, jetzt Opfer für das Vaterland zu erbringen, welch große Erfolge das eigene Land erkämpfte und welche enormen Niederlagen der Feind erlitt. Sie verzichteten fast ganz auf Kritik und Sachlichkeit. Zudem kam eine strenge Zensur der Militärs in den meisten Ländern.

Viele kirchlichen Würdenträger verzichteten während der ersten Kriegsmonate ganz auf friedliche und versöhnende Worte. Obwohl in allen europäischen Ländern der gemeinsame christliche Glaube überwog, erklärte man den Familien, deren Söhne im Krieg starben, dass sie für für eine gerechte Sache ihr Leben gaben und man es ihnen danken werde. In Deutschland wurde der „Burgfrieden" für die Dauer des Krieges geschlossen. Hatten noch einige Parteien vor ein paar Monaten den Militarismus und den Krieg verdammt und bekämpft, verzichtete man jetzt auf jegliche Kritik und Gegenmaßnahmen. So war es nur logisch, dass der deutsche Kaiser ausrufen konnte: „Ich kenne keine Parteien mehr, ich kenne nur noch Deutsche!"

EA

Aufgabe 7: **a)** *Wieso unterstützten die Zeitungen die Kriegsbegeisterung der Bevölkerung noch zusätzlich? Beschreibe die Reaktionen der Zeitungen.*

____

____

____

b) *Wie reagierte die Kirche, obwohl in fast allen Ländern der christliche Glaube weitverbreitet war?*

____

____

c) *Was stellt dieses Bild (im August 1914 aufgenommen) dar? Erkläre mit deinen eigenen Worten.*

____

____

____

____

____

KOHL VERLAG Lernwerkstatt ERSTER WELTKRIEG Die Urkatastrophe des 20. Jahrhunderts – Bestell-Nr. 10 689

IV. Deutsche Truppen rücken vor

Der Angriff im Westen

Hermann lief so schnell wie möglich von der Schule nach Hause. Heute wurde sein großer Bruder auf Fronturlaub erwartet. Endlich würde er von den riesigen Erfolgen der deutschen Armee im Westen hören und sein Bruder würde ihm sicherlich alle Schlachten erklären. Wenn er doch endlich auch nur zum Militär könnte, dann würde er in vorderster Front gegen die Franzosen kämpfen und im Sturmangriff den Schlachtruf „Jeder Schuss – ein Russ, jeder Stoß – ein Franzos!" rufen.

Zu Hause angekommen, begrüßte er seinen Bruder und erschlug ihn förmlich mit seinen Fragen. „Habt ihr Paris schon erobert?", fragte Hermann seinen Bruder. „Wie seid ihr eigentlich bis nach Frankreich gekommen?" *„Nun mal langsam und ganz von vorn mein Bruder! Wie du ja weißt, wollten wir Frankreich vom Norden her angreifen, da die direkte Grenze zwischen Frankreich und dem Deutschen Kaiserreich zu gut gesichert ist. Daher überfielen wir Belgien mit dem Ziel, von dort in Frankreich einzufallen. Alles musste schnell gehen, so wie es der Schlieffenplan vorsah. Wir mussten Frankreich besiegen, bevor Russland es schaffte, seine Armee zu mobilisieren und gegen Deutschland zu führen."* „Mit Belgien hattet ihr es doch leicht oder?", fragte Hermann seinen Bruder. *„Nein, da irrst du. Wir brauchten viel zu viel Zeit, um Belgien endgültig zu besetzen. Das belgische Volk leistete uns enormen Widerstand.*

Unsere Offiziere befahlen uns sogar, gegen die belgische Zivilbevölkerung vorzugehen. Wir zerstörten viele Dörfer, Städte und Betriebe, um den Widerstand zu brechen. Ich glaube, so richtig gelungen ist uns das aber nicht." „Aber ihr steht doch in Frankreich, also müsst ihr gesiegt haben?" *„Ja, wir sind dann doch in Frankreich eingefallen und haben große Erfolge errungen. Wir haben Paris fast erreichen können. Unsere Artilleriegeschütze konnten die Stadt schon beschießen. Aber die Franzosen wehrten sich; ihnen war klar, wenn Paris erobert werden würde, würde Frankreich besiegt. Zu dieser Zeit mussten wir eine große Anzahl von Soldaten auf Befehl der Generäle in den Osten schicken. Die Russen hatten schneller als gedacht ihre Armee aufgestellt. Sie fielen in Ostpreußen ein und eroberten viel Land. Das schwächte unsere Westfront natürlich stark."* „Aber ihr siegt doch noch immer?" *„Nun, eigentlich nicht mehr, die Franzosen konnten südlich der Marne, das ist ein Fluss in Frankreich, enorme Truppenteile stationieren. Mit einer Reihe von erbitterten Gegenangriffen konnten die Franzosen unseren Vorstoß stoppen und uns sogar zurückdrängen. Die Marneschlacht wird sicherlich in die Geschichte eingehen. Die Franzosen feierten ihren Sieg jedenfalls euphorisch."* „Und was habt ihr getan?" *„Unsere Generäle befahlen, dass wir uns einzugraben und zur Verteidigung überzugehen hätten. Wir bauten langgezogene Schützengräben, in denen wir seit dieser Zeit leben und kämpfen. Ein paar hundert Meter von uns entfernt liegen die Franzosen im Schützengraben. Keiner traut sich mehr, anzugreifen. Ich habe gehört, dass sich die Schützengräben von der Nordsee bis zur Gebirgskette der Vogesen ziehen. Das wäre unvorstellbar, wenn es stimmen würde. Mein Freund behauptet, dass es jetzt zum endlosen Stellungskrieg kommen wird, aber ich glaube nicht daran. Im Frühling werden wir wieder siegen und Frankreich vernichten."* „Ja, genauso, wie es Hindenburg und Ludendorff in der Schlacht bei Tannenberg getan haben. Sie haben die Russen vernichtend geschlagen und einen Sieg errungen, den man noch lange in Deutschland feiern wird. Ich bin mir sicher, dass diese beiden Helden für die weitere deutsche Zukunft wichtig sein werden!"

Deutsche Truppen auf dem Vormarsch

IV. Deutsche Truppen rücken vor

EA

Aufgabe 1: *Was bedeutet der Begriff „Fronturlaub“? Was versteht man unter Fronturlaub? Erkläre mit deinen eigenen Worten.*

____

____

____

EA

Aufgabe 2: *Welche Vorgehensweise sah der Schlieffenplan vor, um Frankreich zu erobern? Erkläre und zeichne zusätzlich in die unten abgebildete Europakarte Hilfen zu deiner Erklärung.*

____

____

____

____

____

____

EA

Aufgabe 3: *Wie verhielt sich Belgien gegen den Angriff von deutscher Seite? Kreuze die richtigen Aussagen an.*

a) ☐ Belgien ließ Deutschland gewähren, da es Frankreich schnell besiegt sehen wollte.

b) ☐ Die belgische Bevölkerung leistete unerwartet enormen Widerstand.

c) ☐ Die deutschen Soldaten mussten teilweise sogar gegen die belgische Zivilbevölkerung vorgehen.

d) ☐ Die belgische Bevölkerung empfing die deutsche Armee mit Freude und Begeisterung.

Karrikaturistische Darstellung des deutschen Befehlshabers Wilhelm II.

Lernwerkstatt ERSTER WELTKRIEG Die Urkatastrophe des 20. Jahrhunderts – Bestell-Nr. 10 689
KOHL VERLAG

IV. Deutsche Truppen rücken vor

EA

Aufgabe 4: *Vergleiche in der Tabelle die Vorstellungen des jungen Hermanns mit der Realität, die sein großer Bruder an der Front erlebt hatte.*

Hermann	Bruder (der Soldat)

EA

Aufgabe 5: *Was passierte in der Schlacht bei Tannenberg?*

____

____

____

Aufgabe 6: *Hermanns großer Bruder behauptet, dass Hindenburg und Ludendorff für die weitere deutsche Zukunft noch wichtig sein werden. Forscht in Lexika oder im Internet nach und sammelt Informationen über das Leben dieser zwei „deutschen Helden"! Präsentiert eure Ergebnisse anschließend in der Klasse.*

Lernwerkstatt ERSTER WELTKRIEG
Die Urkatastrophe des 20. Jahrhunderts – Bestell-Nr. 10 689

IV. Deutsche Truppen rücken vor

EA

Aufgabe 7: *Beantworte die folgenden Fragen in vollständigen Sätzen. Schreibe in dein Heft/in deinen Ordner.*

a) Im Text wird deutlich, dass die deutsche Zivilbevölkerung nicht wirklich viel über die reale Situation an der Front wusste. Mit welchen Vorstellungen trifft der junge Hermann seinen großen Bruder, den Soldaten? Beschreibe.

b) Was lassen sich daraus für Schlüsse über die Informationspolitik schließen? Begründe.

EA

Aufgabe 8: *Was sagt der Spruch des jungen Hermann „Jeder Schuss - ein Russ, jeder Stoß - ein Franzos!", der zur damaligen Zeit weitverbreitet war, über die Meinung der Deutschen zu Russland und Frankreich aus?*

____

____

____

GA

Aufgabe 9: *Betrachtet auf der Landkarte Frankreichs den Verlauf der Schützengräben vom Ärmelkanal bis zu den Vogesen, von denen der Soldat berichtet! Recherchiert und haltet eure Ergebnisse in euren Heften/in euren Ordnern fest.*

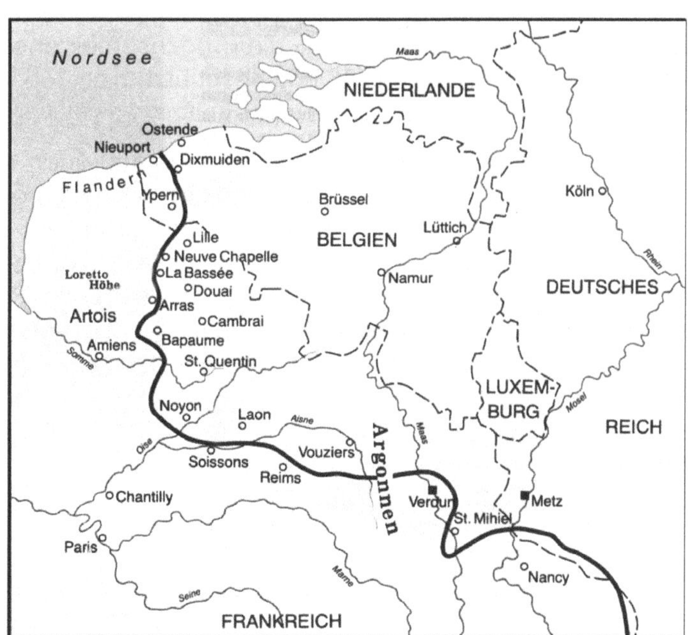

V. Vom Bewegungskrieg zum Stellungskrieg

Meine geliebte Frau,

den letzten Brief schrieb ich dir vor drei Tagen und ich warte nun sehnsüchtigst auf deine Antwort, aber es braucht hier mehrere Wochen, bis die Feldpost einen erreicht. Du fragtest, wie es mir ginge und ob ich mich in Gefahr befände. Zurzeit sitze ich in einer unterirdischen Höhle, die durch Bretter vor dem Einsturz gesichert ist. Sie ist von unserem Schützengraben aus erreichbar. Hier schlafen und essen wir und verbringen etwas freie Zeit. Seit Wochen regnet es und unser Schützengraben ist bis zum Knie mit Wasser gefüllt. Überall, wo man sich hinsetzen will, muss man erst mit den Ratten um den trockenen Platz kämpfen. Sie sind so zahlreich hier, das kannst du dir nicht vorstellen. Sie finden ja auch genügend Futter, denn die Toten und Schwerverletzten bleiben einfach liegen, keiner kann sie bergen, ohne selbst in Gefahr zu geraten. Am schlimmsten ist das Artilleriefeuer. Ein stundenlanges Trommelfeuer, das die Erde erbeben lässt und noch in 60 km Entfernung zu hören ist. Wir können nirgendwohin weglaufen und müssen es einfach ertragen. Es ist die reinste Materialschlacht geworden. Man muss einfach zu Gott beten, dass es einen nicht trifft. Ich wünschte mir, falls ich getroffen werde, dass ich sofort tot bin und es mir nicht so ergeht wie meinem Freund. Seine Beine wurden abgerissen; aber bevor die Sanitäter zwei Stunden später kamen, hatte Gott ihn endlich erlöst.

Wenn das Artilleriefeuer verstummt, ist für eine ganz kurze Zeit absolute Stille, dann erfolgt der Angriff der Franzosen auf unsere Stellungen. Man kann sie dann wie Kaninchen abschießen. Danach müssen wir dann angreifen. Noch nie habe ich es bis zum feindlichen Schützengraben geschafft. Ich hatte dir versprochen, zu überleben. Ich versuche immer einen Bombentrichter zu finden, in dem ich dann Schutz suchen kann. Meistens liegen hier schon etliche tote Soldaten, die immer furchtbar entstellt sind. Niemand hat die Zeit und Kraft, sie wegzuziehen oder zu beerdigen. Ich hoffe inständig, dass der Winter nun bald kommt, dann stinken die Leichen nicht mehr so stark. Es ist abscheulich und man hofft immer auf Wind, der diesen unsagbaren Gestank mit sich nimmt.

Letzte Woche wurde unser Schützengrabensystem durch viele Bombeneinschläge zerstört. Alle Verbindungswege nach hinten waren verschüttet. Wir bekamen weder Essen noch Trinken und die Munition ging auch fast aus. Zum Glück haben die Franzosen eigene Probleme und in dieser Zeit nicht angegriffen. Du siehst, dein Beten hilft und beschützt mich. Ich habe mir mit Regenwasser und einigen fetten Ratten über diese Zeit hinweggeholfen.

Ich bete jeden Tag zu Gott, dass er diese Zeit in den Schützengräben beenden möge und uns endlich zum Sieg führen möge, aber ich befürchte, dass der Krieg sich gewandelt hat, wir bewegen uns überhaupt nicht mehr vorwärts. Manchmal erobern wir für einige Tage die Gräben der Franzosen, um sie dann wieder zu verlieren. Ein Offizier sagte mir, dass wir den Krieg gewinnen werden, weil wir mehr Waffen und Munition haben, und das sei das alles Entscheidende. Also, meine geliebte Frau, es liegt mit an euch. Wenn ihr zu Hause nur ordentlich arbeitet und fleißig Waffen produziert, werdet ihr den Krieg verkürzen. Wir werden dann siegen und ich kann dich endlich wieder in meine Arme schließen. Grüße herzlichst unseren Sohn und küsse ihn zärtlich von mir. Ich bete zu Gott, dass er dies alles nicht mehr miterleben muss mit seinen 16 Jahren, aber in meiner Truppe sind schon 18-jährige Frischlinge, die jeden Abend nach ihrer Mutter rufen. Also behüte ihn sicher und wohl und erspare ihm die Einberufung.

In Liebe, dein

Heinrich

V. Vom Bewegungskrieg zum Stellungskrieg

EA

Aufgabe 1: *In Heinrichs Brief an seine Frau beschreibt der Soldat die Situation, in der er versuchen muss, zu überleben. Lies den Brief aufmerksam und nenne mindestens drei der menschenunwürdigen Umstände, die an den Nerven der Soldaten zerren.*

- ______________________________
- ______________________________
- ______________________________

PA

Aufgabe 2: *Beschreibt das Vorgehen der französischen und deutschen Soldaten bei ihren Angriffen. Wie waren ihre Überlebenschancen?*

____

____

____

PA

Aufgabe 3: *Der Soldat schreibt in seinem Brief, er habe seiner Frau versprochen zu überleben. Er versuche, immer einen Bombentrichter zu finden, in dem er dann Schutz suchen könne. Was lässt diese Aussage vermuten?*

____

____

____

____

____

EA

Aufgabe 4: *Mit welchem entscheidenden Argument fordert der Soldat Heinrich seine zu Hause gebliebenen auf, alles für die deutsche Waffenproduktion zu tun? Schreibe ausführlich in dein Heft/in deinen Ordner.*

V. Vom Bewegungskrieg zum Stellungskrieg

PA

Aufgabe 5: *Obwohl der Soldat Heinrich um eine Unterstützung bei der Waffenproduktion bittet, hat er nicht um die Unterstützung seines 16-jährigen Sohnes an der Front gebeten. Warum wohl? Findet Gründe hierfür.*

EA

Aufgabe 6: *Welche Gedanken mag der Soldat vorne rechts im Bild wohl haben? Schreibe seine Gedanken aus seiner Sicht in die Gedankenblase.*

GA

Aufgabe 7: *Was fällt euch zu der gezeigten Situation auf dem Bild oben ein? Beschreibt die Situation der Soldaten.*

Lernwerkstatt ERSTER WELTKRIEG
Die Urkatastrophe des 20. Jahrhunderts – Bestell-Nr. 10 689
KOHL VERLAG

V. Vom Bewegungskrieg zum Stellungskrieg

Der Schlieffenplan

Der „Schlieffenplan“, nach seinem Erfinder, dem deutschen Generalfeldmarschall Alfred Graf von Schlieffen benannt, sah einen raschen Einmarsch in Frankreich über das Nachbarland Belgien vor. Somit sollten die massiven französischen Festungsanlangen entlang der deutsch-französischen Grenze elegant umgangen und dann von zwei Seiten in die Zange genommen werden. Nach der erfolgreichen Unterwerfung Frankreichs war kurze Zeit später der Angriff auf Russland (mit Unterstützung der österreich-ungarischen Streitkräfte) vorgesehen. Dem Plan lag die Vermutung zu Grunde, dass die russische Mobilmachung für den Krieg etwa 6 bis 8 Wochen benötigen würde.

Der Schlieffenplan war trotz seiner zweifellos genial ausgetüftelten Vorgehensweise zum Scheitern verurteilt, weil die Realität an der Front schließlich anders verlief als angenommen. Gerade an der Weltfront konnten sich die deutschen Armeen im Verlauf der ersten Kriegswochen nicht entscheidend durchsetzen. Hinzu kam, dass Russland seine Truppen völlig überraschend viel früher als angenommen für den Krieg vorbereitet hatte und bereits nach wenigen Wochen erste Angriffe auf Ostpreußen durchführte. Nun war der Fall eingetreten, den der Schlieffenplan ja gerade verhindern sollte: Ein kräftezehrender Zweifrontenkrieg. Als der Angriff im Westen schließlich vollends zum Stehen kam und es zum Stellungskrieg zwischen französischen und deutschen Truppen kam, waren alle hochtrabenden Kriegsziele erst einmal zerstoben. Den Angriff Russlands konnte man durch die entschlossene Vorgehensweise der Generäle von Hindenburg und Ludendorff zwar schnell im Keim ersticken, auf eine schnelle Entscheidung zu Gunsten der Deutschen war jetzt aber trotzdem nicht mehr zu hoffen. Als Italien Deutschland und Österreich-Ungarn dann auch noch überraschend den Krieg erklärte, war das deutsche Reich auch noch von Süden bedroht. Weitere Truppenverlegungen in die Alpenregion waren die Folge. Der Kriegsverlauf hatte eine völlig veränderte Richtung eingeschlagen.

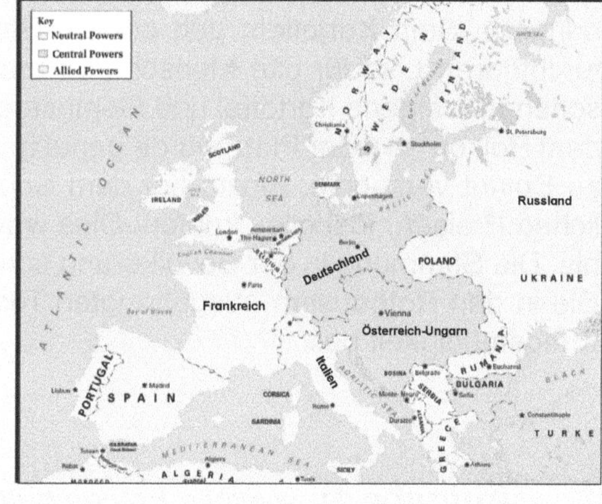

Der ehrgeizige „Schlieffenplan“, zwar genial in seiner Ausarbeitung, kühn und stolz verfolgt von seinen deutschen Erfindern, war vollständig gescheitert. Dennoch sollte er als ein Beispiel kühnen Angriffskrieges in die Geschichte eingehen.

EA

Aufgabe 8: *Erkläre mit deinen eigenen Worten, was der Schlieffenplan vorsah. Schreibe in dein Heft/in deinen Ordner.*

EA

Aufgabe 9:

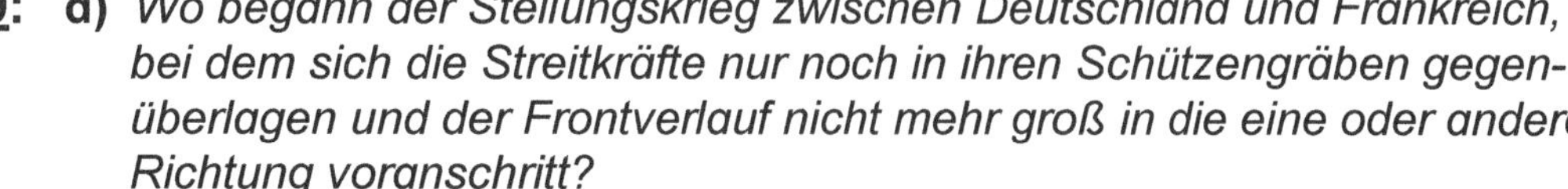

a) *Wo begann der Stellungskrieg zwischen Deutschland und Frankreich, bei dem sich die Streitkräfte nur noch in ihren Schützengräben gegenüberlagen und der Frontverlauf nicht mehr groß in die eine oder andere Richtung voranschritt?*

b) *Welche Fronten waren bis zum Sommer 1915 für Deutschland entstanden?*

c) *Wieso muss man den Schlieffenplan schließlich als gescheitert ansehen? Erkläre.*

EA

Aufgabe 10: *Betrachte die Landesgrenzen in der Abbildung im Lesetext! In welcher Position mag sich Deutschland, angesichts der feindlichen Linien, wohl gefühlt haben? Beschreibe in deinem Heft/in deinem Ordner.*

VI. Die Heimatfront

Noch im August 1914 war fast allen Deutschen klar, dass der Krieg Weihnachten siegreich beendet sei. Daher werde dieses Jahr die Ernte ohne Männer sicherlich schwieriger, aber dennoch machbar. Eine verhängnisvolle Fehlentscheidung!

Denn der Krieg endete nicht und immer mehr Männer mussten zur Front. Überall fehlten ausgebildete Fachkräfte. In der Landwirtschaft arbeiteten nun überwiegend Frauen, ältere Menschen und vor allem Kinder. Doch die Arbeit musste ohne Pferd und Wagen geleistet werden, diese wurden für den Transport von militärischen Sachen eingezogen. So wurde die Versorgung der Bevölkerung in den Städten immer schwieriger. Hinzu kam, dass England die Nordsee zum Kriegsgebiet erklärte und den Handelsweg nach Deutschland blockierte. Es kam zu ernsthaften Versorgungsschwierigkeiten und zum Rohstoffmangel für die Rüstungsindustrie.

Die deutsche Politik und das Militär waren auf diese Situation nicht vorbereitet. Man hatte keinerlei Vorräte angelegt – die Lebensmittelproduktion sank. Den einzigen Ausweg sah man in der Rationierung der Lebensmittel, die man bald nur noch mit Lebensmittelkarten erhielt.

Als es im Herbst 1916 zu einer äußerst schlechten Kartoffelernte kam, musste man in Deutschland hungern. Statt Kartoffeln gab es nun Steckrüben. Der Kohlrübenwinter begann und wurde zum furchtbaren Leid für alte Menschen, Frauen und Kinder in Deutschland. Überall bauten die Menschen nun eigene Kartoffel und Gemüse an – im Park, im Garten, auf dem Friedhof und sogar auf dem Balkon – jeder Platz wurde genutzt. Auf den kargsten Böden wuchsen Brennnesseln, die man zu Spinat verkochte. Einzig auf dem Schwarzmarkt konnte man sich, allerdings zu unerschwinglichen Preisen, fast alles kaufen. Dies war für die vielen verarmten Menschen ein ständiges Ärgernis. Die Stimmung in der Bevölkerung schlug sichtbar um. Man sehnte sich das Kriegsende herbei. Die in den Rathäusern ausgehängten Todeslisten wurden länger und länger und trugen somit zur Kriegsmüdigkeit bei.

EA

Aufgabe 1: *Welche Folgen hatte der Krieg für die Landwirtschaft?*

- ______________________________

  ____

- ______________________________

  ____

- ______________________________

  ____

EA

Aufgabe 2: *Warum blockierte die englische Flotte die Zufahrtswege über die Nordsee? Erkläre in deinem Heft/in deinem Ordner.*

Lernwerkstatt ERSTER WELTKRIEG
Die Urkatastrophe des 20. Jahrhunderts – Bestell-Nr. 10 689
KOHL VERLAG

VI. Die Heimatfront

EA

Aufgabe 3: *Welche Folgen hatte die schlechte Kartoffelernte im Herbst 1916? Kreuze die richtigen Aussagen an!*

a) ☐ Eine direkte Folge war eine Hungersnot in Deutschland.

b) ☐ Als Ersatz wurden Steckrüben gegessen.

c) ☐ Als Ersatz aß man Kuchen.

d) ☐ Überall, auf jedem freien Fleckchen Land, bauten die Menschen eigene Kartoffeln und Gemüse an.

e) ☐ Man kaufte Lebensmittel aus Frankreich und Russland.

f) ☐ Brennesseln verkochte man zu Spinat.

g) ☐ Der Schwarzmarkt blühte. Dort konnte man für viel Geld noch fast alles erwerben.

h) ☐ Auch arme Leute kauften jede Menge auf dem Schwarzmarkt.

i) ☐ Die Stimmung der Bevölkerung schlug sichtbar um. Hungern wollte keiner.

j) ☐ Trotz des Hungers waren alle noch voller Begeisterung für den Krieg.

EA

Aufgabe 4: *Nenne mindestens 2 Gründe für den Stimmungswandel in der deutschen Bevölkerung, der in der Zeit vom Sommer 1914 bis zum Winter 1916/17 stattfand!*

____

____

____

____

____

____

VI. Die Heimatfront

Die totale Aufrüstung und Finanzierungsprobleme

Wegen des Hungers und der zahlreichen Einberufung zum Militärdienst sank die Produktivität der Industrie und Landwirtschaft deutlich. Um diesem Trend entgegenzusteuern, plante das deutsche Militär unter Hindenburg und Ludendorff, die mittlerweile fast alle politischen Entscheidungen trafen, die totale Mobilisierung. Die gesamte Wirtschaft wurde auf die Kriegsproduktion umgestellt. Alle Rüstungsbetriebe wurden zentral geleitet und einem eigenem Ministerium unterstellt, an dessen Spitze Walther Rathenow stand und eine strikte Planwirtschaft verfolgte, mit der er sehr effizient und wirkungsvoll die Militärmaschinerie am Laufen hielt. Sämtliche einschränkenden Gesetze bei der Beschäftigung von Frauen und Jugendlichen wurden aufgehoben. Ab sofort durften sie in Schicht- und Nachtdiensten arbeiten. Die Arbeitszeit wurde weiter ausgedehnt. Zur harten Fabrikarbeit kamen lange Wege, da das öffentliche Nahverkehrssystem fast gänzlich zusammengebrochen war. Die hungernden Kinder wurden zu Hause noch länger allein gelassen.

Österr. Kriegsanleihe

Um den Krieg zu finanzieren versuchte man immer wieder Kriegsanleihen zu platzieren. Die Bevölkerung wurde aufgefordert „Schuldscheine" des Staates zu kaufen. Diese wurden mit hohen Zinsen zu 5% ausgegeben. Der Glaube an den Sieg und das Mitgefühl mit den eigenen kämpfenden Männern ließen die Kasse sprudeln. Weit über 100 Milliarden Mark kamen in den neun Anleihen zusammen. Das entspricht einer Finanzierung von fast 60% aller Kriegskosten. Diese, so war es bei einem Sieg geplant, sollten natürlich die besiegten Länder Deutschland zurückzahlen.

Trotz aller Belastungen und des immensen Leids, das die Bevölkerung tragen musste, kam es kaum zu nennenswerten Erhebungen oder Demonstrationen. Nüchtern betrachtet, eigentlich kaum vorstellbar bei all dem unsäglichen Leid, das die zivile Bevölkerung in dieser Zeit auf sich nehmen musste!

EA

Aufgabe 5: *Wieso brachte der Krieg für die deutsche Wirtschaft Probleme mit sich? Erkläre ausführlich.*

____

____

____

____

PA

Aufgabe 6: *Was befahlen Hindenburg und Ludendorff, um die Produktivität der deutschen Wirtschaft wieder zu steigern? Erklärt gemeinsam und schreibt eure Antworten in eure Hefte/in eure Ordner.*

Lernwerkstatt ERSTER WELTKRIEG
Die Urkatastrophe des 20. Jahrhunderts – Bestell-Nr. 10 689

VI. Die Heimatfront

PA

Aufgabe 7: *Erklärt gemeinsam, wozu die Kriegsanleihen dienten.*

PA

Aufgabe 8: *Warum erhoben sich in den Kriegsjahren 1916/17 nicht mehr Menschen in Deutschland gegen den Krieg?*

Aufgabe 9: *Mit welchen Mitteln wurde in der Heimat innerhalb Deutschlands „gekämpft“, welchen Beitrag leistete die deutsche Zivilbevölkerung? Man sprach hierbei auch von der Heimatfront. Erkläre, was damit gemeint ist.*

GA

PA

Aufgabe 10: *Betrachtet die unten stehenden Angaben zur durchschnittlichen Lebensmittelversorgung der Zivilbevölkerung in den Jahren 1912 und 1917. Was lässt sich aus diesen Angaben schließen? Erklärt.*

1912	1917
ca. 340 Gramm Mehl	ca. 170 Gramm Mehl
ca. 50 Gramm Butter & Fette	ca. 10 Gramm Butter & Fette
ca. 160 Gramm Fleisch	ca. 20 Gramm Fleisch

Lernwerkstatt ERSTER WELTKRIEG Die Urkatastrophe des 20. Jahrhunderts – Bestell-Nr. 10 689

VII. Verdun

Noch heute berichtet und erzählt man von vielen Schlachten aus dem 1. Weltkrieg, aber keine ist so bekannt wie die Schlacht von Verdun. Sie ist das Symbol für die fanatische Materialschlacht und Mahnmal für die Sinnlosigkeit des Krieges. Jährlich besuchen mehrere zehntausend Menschen die heutige Gedenkstätte von Verdun und erinnern sich der hunderttausenden Toten, die auf einem Schlachtfeld starben, ohne dass je ein Sieger aus dieser Schlacht hervorgegangen ist.

Es ist der 21. Februar 1916. Französische Soldaten haben sich in und um Verdun, einer der am stärksten gesicherten Festungen, verschanzt und erwarten den deutschen Angriff. Diese haben 500.000 Soldaten, darunter viele Eliteeinheiten, und 1225 Geschütze in Stellung gebracht. Sogar die „Dicke Berta“, das größte deutsche Geschütz, wurde mittels Eisenbahn nach Verdun gebracht und innerhalb von vier Tagen zusammengebaut. Am Morgen, der deutsche Großangriff beginnt, ahnt noch niemand, dass am Ende der zehnmonatigen Schlacht auf beiden Seiten über 350.000 Tote zu beklagen sein werden und dass sich die Frontlinie trotzdem nicht verändert hat.

Nach wenigen Wochen des Kampfes sieht man nur noch eine Mondlandschaft. Alle Bäume, Häuser, Straßen, Eisenbahnschienen, ja sogar Erdhügel, sind durch den enormen Beschuss von großen Granaten zerstört. Krater an Krater liegen kilometerweit nebeneinander. Die Erde ist regelrecht durchgepflügt von Einschüssen und Schützengräben, in denen Soldaten versuchen, zu überleben. Die gewaltige Anzahl von Toten und die ständige Gefahr lassen es nicht mehr zu, sie vom Schlachtfeld zu tragen oder gar zu begraben. In jedem Granattrichter wimmern und stöhnen verletzte Soldaten.

Rund drei Viertel aller Verstümmelten des 1. Weltkrieges stammen aus dieser Schlacht. Und dies ist für die Soldaten die größte Belastung – und nicht etwa die Entbehrungen und der Hunger. Die französische Militärführung hat dies schnell erkannt und tauscht die eingesetzten Soldaten regelmäßig aus. Aber es ist nur noch eine Straße frei, auf der der Nachschub nach Verdun gebracht werden kann. Tag und Nacht bringen Transporter zentnerschwere Granaten, Gewehre, Helme, Brot und Verbandsmaterial. Am Straßenrand stehen Männer, die ständig Schotter auf die Straße schaufeln, sodass diese nicht unter den gewaltigen Massen nachgibt. Durch den anliegenden Graben ziehen neue Truppen Richtung Verdun, immer 170 Mann pro Kompanie. Sie sollen für zwei Wochen kämpfen und werden dann aus dieser Hölle wieder abgelöst. Sie spüren und hören schon viele Kilometer vor der Front die Einschläge. Die Furcht wächst. Auf der gegenüberliegenden Seite rücken die alten Truppen Richtung Hinterland. Meistens sind es nur noch 20 bis 30 Mann pro Kompanie, die übriggeblieben sind. Verletzt, verstümmelt, mit zerrissener Kleidung und einem völlig ausdruckslosen Gesicht geben sie den frischen Kräften eine Vorahnung davon, was bald auf sie zukommt. Sie betreten jetzt die „Hölle“, die „Blutpumpe“ oder die „Knochenmühle“, wie man diese „sinnloseste Schlacht in einem sinnlosen Krieg“ auch nannte.

Im Dezember 1916 endet der Kampf um Verdun. Beide Seiten stehen an derselben Stelle, wie noch 10 Monate zuvor – nichts hat sich geändert. Und doch hat sich viel verändert. Die deutschen Soldaten haben den Glauben an die Richtigkeit des Krieges verloren. Das Vertrauen in ihre Offiziere und Generäle und somit auch in den deutschen Kaiser ist dahin, zu offensichtlich war der sinnlose Tod, befohlen durch wahnsinnige Angriffsbefehle.

VII. Verdun

EA

Aufgabe 1: *Schildere die Situation auf dem Schlachtfeld bereits wenige Wochen nach Beginn des Krieges.*

PA

Aufgabe 2: *Das Schlachtfeld bei Verdun wurde von den Soldaten als „Hölle“, „Blutpumpe“ oder „Knochenmühle“ bezeichnet. Was waren wohl die größten Belastungen für die überlebenden Soldaten?*

GA

Aufgabe 3: *Noch heute ist Verdun ein Mahnmal für die beispiellose Materialschlacht und die Sinnlosigkeit des Krieges. Diese historische Schlacht liefert für diese Behauptung viele Beweise! Erklärt und schreibt eure gemeinsamen Ergebnisse in eure Hefte.*

a) Welche Fakten lassen sich über den Ausgang der Schlacht berichten?

b) Was rief der Kampf bei Verdun bei den deutschen Soldaten hervor?

c) Wie reagierte wohl die Generalität auf die immensen Verluste?

GA

Aufgabe 4: *Stellt euch vor, ihr wüsstest, dass einer deiner Verwandten (Bruder, Vater, ...) in der Schlacht von Verdun kämpfen muss. Wie würdet ihr reagieren? Was ginge in diesem Moment in euch vor? Diskutiert.*

Lernwerkstatt ERSTER WELTKRIEG
Die Urkatastrophe des 20. Jahrhunderts – Bestell-Nr. 10 689

VIII. Der U-Boot-Krieg

Deutschland hatte schon früh erste U-Boote entwickelt und war zum Anfang des Ersten Weltkrieges im Besitz einer kleinen, aber sehr schlagkräftigen U-Boot-Flotte, die in den ersten Kriegsmonaten im Seekrieg stattliche Erfolge erzielen konnte. Ziel war es, die feindlichen Versorgungslinien auf See zu kappen und die feindlichen Großkampfschiffe auszuschalten. Daher führte Deutschland einen zunehmend erbitterten U-Boot-Krieg gegen die alliierten Versorgungsrouten über die Meere sowie gegen die gegnerischen Kriegsschiffe. Die Schlagkraft der deutschen U-Boote wurde von der alliierten Generalität dabei lange unterschätzt.

Da Deutschland mit einer totalen Seeblockade durch die britischen Kampfschiffe zu kämpfen hatte, entschloss man sich Ende 1914 dazu, den Handelskrieg nach Prisenordnung (es galten gewisse international anerkannte Regeln für das kriegerische Übergreifen auf feindliche oder neutrale Handelsschiffe) einem „Uneingeschränkten, totalen U-Boot-Krieg" weichen zu lassen. Dies bedeutete, dass deutsche U-Boote ohne Vorwarnung feindliche und auch neutrale Schiffe angriffen und versenkten.

Besonderes Aufsehen erzeugte hierbei das deutsche Boot U 20, das am 7. Mai 1915 völlig ohne Vorwarnung den britischen Passagierdampfer RMS Lusitania versenkte. Dieser hatte neben 10 Tonnen Munition und Kriegsmaterial auch etwa 2000 Menschen an Bord, von denen bei dem Angriff etwa 1200 ums Leben kamen. Dieser Angriff sollte politische Folgen haben, denn unter den Opfern waren auch etwa 100 Amerikaner. Die neutrale USA war davon wenig begeistert und drohte Deutschland mit dem Kriegseintritt. Dies wiederum bereitete der deutschen Generalität große Sorge, weswegen der U-Boot-Krieg für einige Zeit deutlich eingeschränkt wurde. Anfang 1917 jedoch wurde beschlossen, den U-Boot-Krieg wieder mit unvermittelter Härte fortzusetzen. Wieder drohte die USA den Deutschen mit dem Kriegseintritt. Da Deutschland diesmal zu keine Zugeständnissen bereit war, kam es tatsächlich 1917 zum Kriegseintritt der USA, die sich auf die Seite der Alliierten Frankreich, England und Russland schlug.

England hatte in den beiden letzten Kriegsjahren enorm unter dem U-Boot-Krieg zu leiden, da zahlreiche Schiffsverluste zu beklagen waren. Die versenkten Schiffe konnten zwar stetig durch neue ersetzt werden, da die Schiffsproduktion bei den Alliierten auf Hochtouren lief. Das ersetzte aber nicht die verlorengegangenen Schiffsladungen. Deswegen war die Versorgungslage der englischen Bevölkerung zeitweise sehr angespannt, da lebensnotwendiger Nachschub nicht in den englischen Häfen ankam.

1918 entwickelten die Alliierten ein spezielles Konvoi-Systems, bei dem die Handelsschiffe nur noch in großen zusammenhängenden Gruppen zusammen mit bewaffneten Seeeskorten (Zerstörer, Fregatten) die Meere überquerten. So sollte nun das U-Boot-Problem eingedämmt werden, was jedoch nie so recht gelingen sollte. Aber auch die deutsche U-Boot-Flotte konnte ihr Ziel, die totale Zerstörung der englischen Versorgungslinien, nicht zufriedenstellend umsetzen.

Besonders erfolgreich war die deutsche U-Boot-Flotte im Mittelmeer. Dort wurden zahlreiche alliierte Kriegs- und Handelsschiffe versenkt.

Als Deutschland im Herbst 1918 kapitulierte, wurde auch der Seekrieg eingestellt. Nachdem alle deutschen Streitkräfte die Kapitulation umgesetzt hatten, wurden die noch vorhandenen deutschen U-Boote den Siegermächten übergeben.

VIII. Der U-Boot-Krieg

EA

Aufgabe 1: *Welche Ziele verfolgte Deutschland mit seinem U-Boot-Krieg? Kreuze nur die richtigen Antworten an.*

a) ☐ Die U-Boote sollten feindliche Kampfschiffe ausschalten.

b) ☐ Deutschland wollte durch den Einsatz der U-Boot-Flotte bei der deutschen Bevölkerung Eindruck schinden.

c) ☐ Deutschland wollte die Versorgungslinien der Feinde (hauptsächlich Großbritannien) auf See unterbrechen.

d) ☐ Sie wollten alle gegnerischen Kriegsschiffe zerstören.

e) ☐ Die U-Botte handelten lediglich in Selbstverteidigung.

EA

Aufgabe 2: Auszug aus der deutschen Prisenordnung:

> Die deutsche Prisenordnung (auch Prisenrecht genannt) regelt, in welcher Form Schiffe anderer Nationalitäten auf hoher See aufgehalten und zerstört werden dürfen. Einer Seekrieg führenden Nation ist es erlaubt, feindliche Schiffe zu beschlagnahmen oder zu versenken, wenn folgende Bedingungen erfüllt sind:
>
> - Das Schiff ist ein feindliches Schiff
> - Das Schiff transportiert Ware, die für den Feind bestimmt ist
> - Das Schiff hat seine Neutralität verletzt (z.B. eine Seeblockade durchbrochen oder angegriffen)
>
> Das aufgebrachte Schiff, auch „Prise“ genannt, kann mit Hilfe eines Prisenkommandos in einen heimischen Hafen gebracht werden. Sollte man sich dazu entschließen, das Schiff zu versenken, muss zuerst dafür Sorge getragen werden, dass die Schiffsbesatzung in Sicherheit gebracht ist.

Erkläre mit deinen eigenen Worten, was die Prisenordnung eigentlich bedeutet.

____

____

____

____

____

____

____

Übrigens findet ihr weitere Informationen zur Prisenordnung (Prisenrecht) im Internet, z.B. unter ***www.wikipedia.de***!

VIII. Der U-Boot-Krieg

EA

Aufgabe 3: *Beantworte die folgenden Fragen in vollständigen Sätzen.*

a) Aus welchem Grund drohte die USA Deutschland im Jahre 1915 mit dem Kriegseintritt?

____

____

____

b) Weswegen wurde der U-Boot-Krieg im Mai 1915 für einige Zeit wieder eingeschränkt?

____

____

____

c) Wieso was England vom deutschen U-Boot-Krieg besonders betroffen?

____

____

____

d) Welches System sollte die alliierten Handelsschiffe schützen?

____

____

____

e) Was passierte mit den deutschen U-Booten nach Kriegsende im Herbst 1918?

____

____

____

Lernwerkstatt ERSTER WELTKRIEG
Die Urkatastrophe des 20. Jahrhunderts – Bestell-Nr. 10 689
KOHL VERLAG

IX. Die Amerikaner greifen ein

Am 6. April 1917 erklärten die Vereinigten Staaten Deutschland den Krieg und griffen somit erstmals aktiv in den Ersten Weltkrieg ein. Warum aber so spät und warum gerade zu diesem Zeitpunkt?

Seit Beginn des Krieges versuchten die Politiker in den USA sich aus dem europäischen Krieg herauszuhalten. Man beobachtete die Geschehnisse und profitierte wirtschaftlich davon. Großbritannien und Frankreich kauften aufgrund ihrer eingeschränkten Handelsbeziehungen bevorzugt Produkte aus Amerika. Diese Handelsbeziehungen wurden noch durch amerikanische Kredite vertieft. Man geht davon aus, dass bis zum Jahr 1916 allein 2 Milliarden Dollar Wirtschaftshilfe für die Entente-Mächte gezahlt wurden. Gleichzeitig profitierte die USA im Handel mit Südamerika, aus dem sich Frankreich und Großbritannien zurückzogen.

Einen weiteren Aspekt gaben die Kriegsgegner zu bedenken. Die USA ist eine Nation vielfältigster Einwanderergruppen, insbesondere aus Europa. Wie werden sich die Einwanderer aus Russland, Italien, Deutschland und Polen verhalten, wenn sie nach Europa in den Krieg ziehen müssen? Gefährdet dies nicht den Zusammenhalt der Nation in den USA?

All diese Überlegungen sprachen gegen einen Kriegseintritt, obwohl 1915 durch die Versenkung des amerikanischen Schiffes „Lusitania" durch deutsche U-Boote viele Amerikaner ums Leben kamen und die politischen Spannungen deutlich zugenommen hatten.

Und doch beteiligte sich die USA am Krieg. Am 1. Februar 1917 erklärte Deutschland den uneingeschränkten U-Boot-Krieg. Das bedeutet, dass ab sofort alle alliierten Schiffe ohne Vorwarnung versenkt wurden. Die amerikanischen Handelsbeziehungen zu den befreundeten Entente-Mächte waren in ernsthafter Gefahr. Zudem wurde befürchtet, dass Frankreich und Großbritannien den Krieg verlieren könnten. Dann würde Deutschland zur wirtschaftlichen Großmacht in Europa aufsteigen und beide befreundeten Länder wären nicht mehr in der Lage, ihre Schulden zurückzuzahlen. Aus diesen Gründen kämpften schließlich doch fast 1,5 Millionen amerikanische Soldaten unter dem Vorwand, für Freiheit und Demokratie zu kämpfen und somit standen Frankreich und Großbritannien ab sofort ein schier unerschöpfliches Potential an Rohstoffen und wirtschaftlicher Leistungsfähigkeit zur Verfügung. Dies änderte den Kriegsverlauf erheblich, denn die deutschen Truppen gerieten durch die Unterstützung der Amerikaner immer mehr ins Hintertreffen. Die Überlegenheit der Alliierten war nicht mehr wettzumachen.

Aufgabe 1: *Welche wirtschaftlichen Vorteile ergaben sich für die USA von dem in Europa tobenden Krieg bis zum Kriegseintritt im April 1917? Diskutiert in Gruppen und tauscht euch anschließend untereinander aus.*

Aufgabe 2: *Recherchiert in Gruppen, wie die Kriegslage in Europa (z.B. der Frontverlauf) Anfang 1917 vor dem Eintritt der USA in kriegerische Kampfhandlungen aussah.*
Der Eintritt der USA sollte großen Einfluss auf den weiteren Kriegsverlauf nehmen. Welche Vorteile ergaben sich aus der Unterstützung durch frische Truppen und neuem Kriegsmaterial?

IX. Die Amerikaner greifen ein

PA

Aufgabe 3: *Wieso hätte ein Eintritt der USA in den europäischen Krieg den Zusammenhalt der Vereinigten Staaten gefährden können?*

EA

Aufgabe 4: *Formuliere mit deinen eigenen Worten aus den folgenden Stichworten, warum die USA letztlich doch dem Krieg beitrat.*

uneingeschränkter U-Boot-Krieg

Befürchtung, Frankreich und Großbritannien könnten unterliegen.

gefährdete Handelsbeziehungen

wirtschaftliche Großmacht in Europa

Schulden

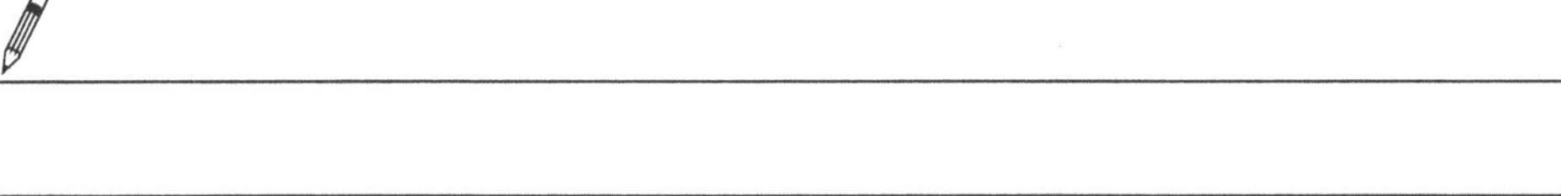

Aufgabe 5: *Wie veränderten sich die Kriegsvoraussetzungen nach dem Eintritt der USA in den Ersten Weltkrieg? Lest erneut im Infotext nach und beantwortet die Frage mit euren eigenen Worten.*

PA

Lernwerkstatt ERSTER WELTKRIEG
Die Urkatastrophe des 20. Jahrhunderts – Bestell-Nr. 10 689

IX. Die Amerikaner greifen ein

Der „Vierzehn-Punkte-Plan“

Trotz der militärischen Aktionen versuchten Präsident Wilson, die Vermittlerrolle der USA beizubehalten und auf einen schnellstmöglichen Frieden hinzuarbeiten. Grundlage hierfür war sein „Vierzehn-Punkte-Plan“, der allen Völkern das Recht zustand, dass sie auf der Grundlage der Selbstbestimmung einen eigenen Staat gründen können. Im Januar 1918 wurden diese 14 Punkte dem amerikanischen Kongress zur Abstimmung vorgelegt. Die Forderungen:

1. alle internationalen Verhandlungen müssen öffentlich geführt werden; 2. die Freiheit aller Meere in Kriegs- und Friedenszeiten; 3. die Beseitigung aller Handelsschranken; 4. allgemeine Abrüstung und eine Rüstungskontrolle; 5. eine neue Ordnung der Kolonialreiche unter Berücksichtigung der Interessen der Kolonialvölker; 6. Räumung der besetzten russischen Gebiete; 7. Räumung aller französischen Gebiete; 8. Räumung der Gebiete Belgiens; 9. Klärung der Italiengrenzen; 10. autonome Entwicklung aller Völker auf dem Gebiet des Kaiserreiches Österreich/Ungarn; 11. Klärung der Balkanfrage im Sinne der beteiligten Völker; 12. autonome Entwicklung aller Völker im Reich der Türkei; 13. die Errichtung eines unabhängigen Staates Polen; 14. Bildung eines allgemeinen Verbandes aller Nationen, wo sämtliche zukünftigen Probleme diplomatisch gelöst werden sollen.

In den Friedensverhandlungen 1918 sollte sich der Präsident gegenüber Frankreich und Großbritannien aber nur in einigen Punkten durchsetzen. Dies beeinflusste die Nachkriegszeit wesentlich und war schon der Nährboden für den 21 Jahre später folgenden Zweiten Weltkrieg!

EA

Aufgabe 6: *Beantworte die folgenden Fragen und trage die Lösungswörter in das Kreuzworträtsel ein. Die grauen Kästchen ergeben ein Lösungswort.*

a) Welche Rolle versuchte die USA trotz der militärischen Aktionen beizubehalten?
b) Welches Recht räumte der „Vierzehn-Punkte-Plan“ allen Völkern ein? Das Recht auf Grundlage der Selbstbestimmung, einen eigenen ..... gründen zu dürfen.
c) Wie sollten künftig alle internationalen Verhandlungen geführt werden?
d) Es sollte die Freiheit aller ..... in Kriegs- und Friedenszeiten garantiert werden.
e) Was sollte beseitigt werden? Die ..... .
f) Eine allgemeine ..... und Rüstungskontrollen sollten stattfinden.
g) Alle Probleme sollten künftig ..... gelöst werden.
h) Der „Vierzehn-Punkte-Plan“ wurde nach Kriegsende so nicht umgesetzt, was die ..... wesentlich beeinflussen sollte.

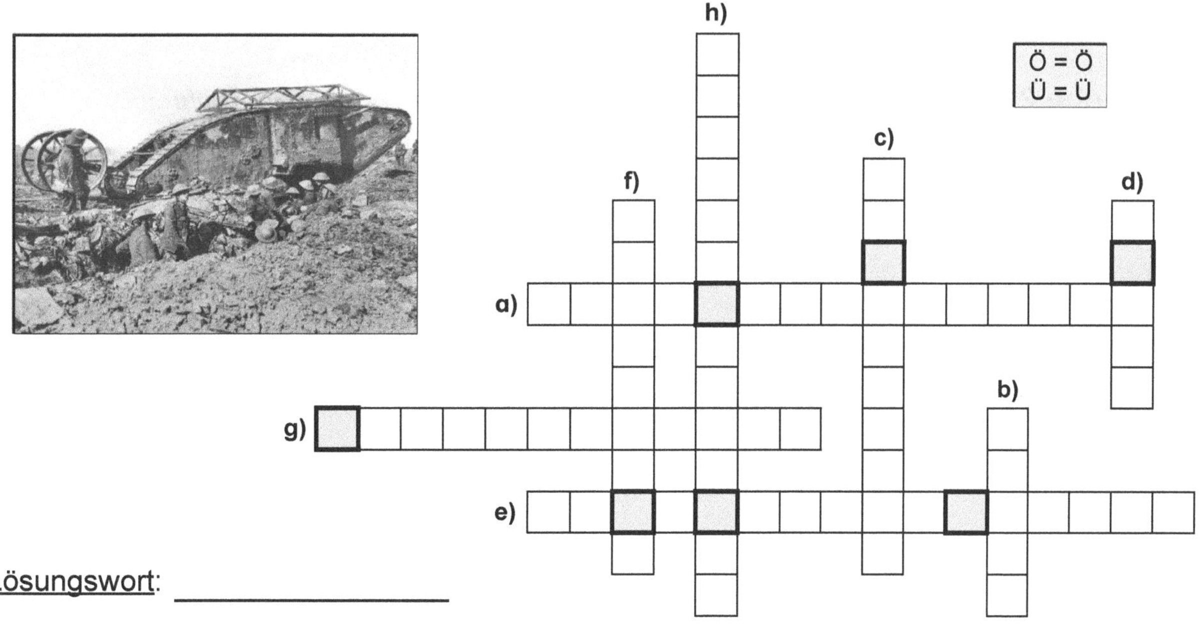

Lösungswort: ____________________

Lernwerkstatt ERSTER WELTKRIEG
Die Urkatastrophe des 20. Jahrhunderts – Bestell-Nr. 10 689
KOHL VERLAG

X. Der Krieg im Osten

Der Krieg im Osten begann für Deutschland 1914 mit einer Überraschung. Ging man davon aus, dass das riesige russische Reich eine bestimmte Zeit benötige, um seine Armeen aufzustellen und ins Gefecht zu führen, so musste man schnell feststellen, dass dies ein fast tödlicher Irrtum war.

Zwei russische Armeen standen mit 500.000 Männern an der Grenze zu Ostpreußen, das von nur 210.000 Soldaten auf deutscher Seite verteidigt werden konnte, weil die anderen an der Westfront versuchten, entsprechend dem Schlieffenplan, Frankreich zu erobern. Sie überrannten innerhalb weniger Tage die östlichen deutschen Ländereien, bis der pensionierte General Hindenburg und Ludendorff die militärische Führung übernahmen.

Russische Truppen

Vier Tage dauerte die Schlacht bei Tannenberg, dann waren die russischen Armeen besiegt. 92.000 Soldaten gerieten in Gefangenschaft, 30.000 waren tot oder wurden vermisst. Die Kunde vom Sieg lief durch Deutschland wie ein Lauffeuer. Hindenburg und Ludendorff waren über Nacht Nationalhelden geworden und begründeten somit ihre einflussreiche Macht auf die weitere deutsche Politik. In ganz Deutschland pflanzte man Hindenburg-Eichen, baute Hindenburg-Türme und hängte sein Porträt in fast jedem Wohnzimmer auf.

EA

Aufgabe 1: *Welche unangenehme Überraschung erlebte Deutschland im Jahre 1914 an der Ostfront? Erkläre.*

EA

Aufgabe 2: *Ein Reporter berichtet über die Schlacht bei Tannenberg. Schreibe aus der Sicht des Reporters und nenne dem Publikum Fakten.*

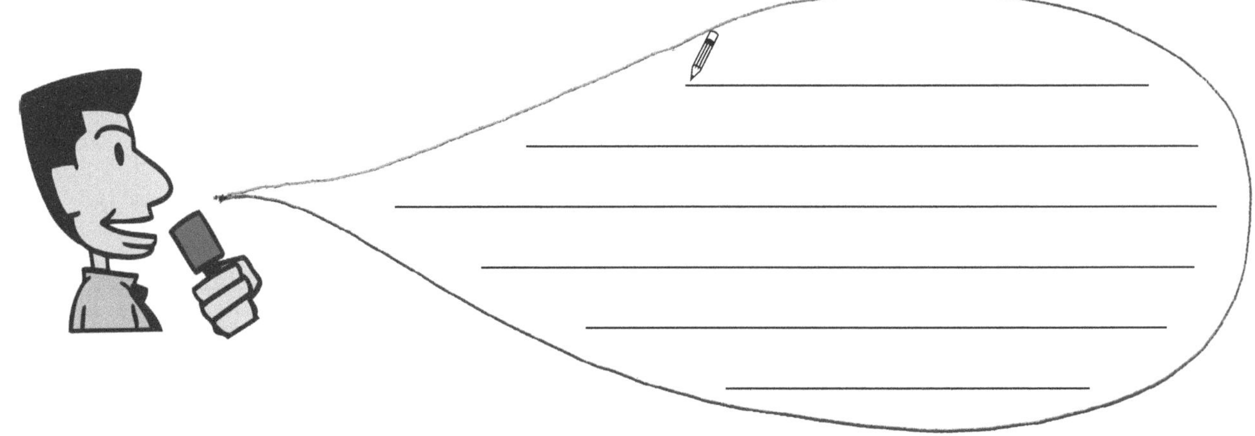

Lernwerkstatt ERSTER WELTKRIEG
Die Urkatastrophe des 20. Jahrhunderts – Bestell-Nr. 10 689
KOHL VERLAG

X. Der Krieg im Osten

Ludendorff und Hindenburg befehligten ihre Soldaten mit eiserner Härte und Disziplin und erkämpften einen Sieg nach dem anderen. Im Februar 1915 nahmen sie 100.000 russische Soldaten gefangen und eroberten die Masuren wieder zurück, danach halfen sie dem Verbündeten Österreich-Ungarn und eroberten Galizien und Lemberg. Im Sommer werden Litauen, das Kurland und die westliche Ukraine erobert, bis es dann im Herbst 1915 an der Ostfront ruhig wird. Ab dieser Zeit werden die besetzten Ostgebiete gnadenlos ausgebeutet. Männer und Frauen werden zur Zwangsarbeit eingesetzt, den Bauern nimmt man Tiere und Getreide weg und besteuert sie hoch. Alles, was als kriegswichtig angesehen wird, schafft man nach Deutschland, sogar vor den Orgelpfeifen in den Kirchen macht man keinen Halt, denn das Metall kann für die Herstellung von Munition verwendet werden. Die besetzten Länder sind nach der Hungersnot im darauffolgenden Winter 1916/17 wie ausgestorben. Hindenburg und Ludendorff entwickeln die Idee, die entvölkerten Gebiete mit deutschen Soldatensiedlern aufzufüllen und somit für den nächsten Krieg zu befestigen. Gleichzeitig versuchen beide, ihre Popularität beim deutschen Volk auszuspielen, um mehr politische Macht zu erobern, was ihnen im August 1916 auch gelingt. Der Kaiser übergibt beiden die Leitung der Obersten Heeresleitung, damit befehligen sie nicht nur alle Soldaten, sondern übernehmen Schritt für Schritt auch die Macht über das ganze Deutsche Reich.

Beide drängen nun auf die gesamte Mobilisierung des Deutschen Reiches für den Krieg. Sie fordern den Kaiser auf, endlich den uneingeschränkten U-Boot-Krieg zu genehmigen, was dieser auch unter Druck tut und somit die USA in den Krieg mit hineinzieht. Beide Generäle bestimmen nun endgültig über die deutsche Innen- und Außenpolitik und stürzen den Reichskanzler Bethmann-Hollweg. Sie befinden sich am Ende des Jahres 1917 auf dem Höhepunkt ihrer Karriere, als sich die Situation an der Ostfront durch neue, innerpolitische Ereignisse in Russland plötzlich und unerwartet dramatisch zu Gunsten Deutschlands verändern wird.

EA

Aufgabe 3: *Betrachte den Kartenausschnitt von Osteuropa. Er zeigt den Frontverlauf gegen Ende des Jahres 1915. Trage mit Hilfe eines Atlas die rechts stehenden Begriffe in die Karte ein. Markiere anschließend alle von deutschen Truppen eroberten Gebiete.*

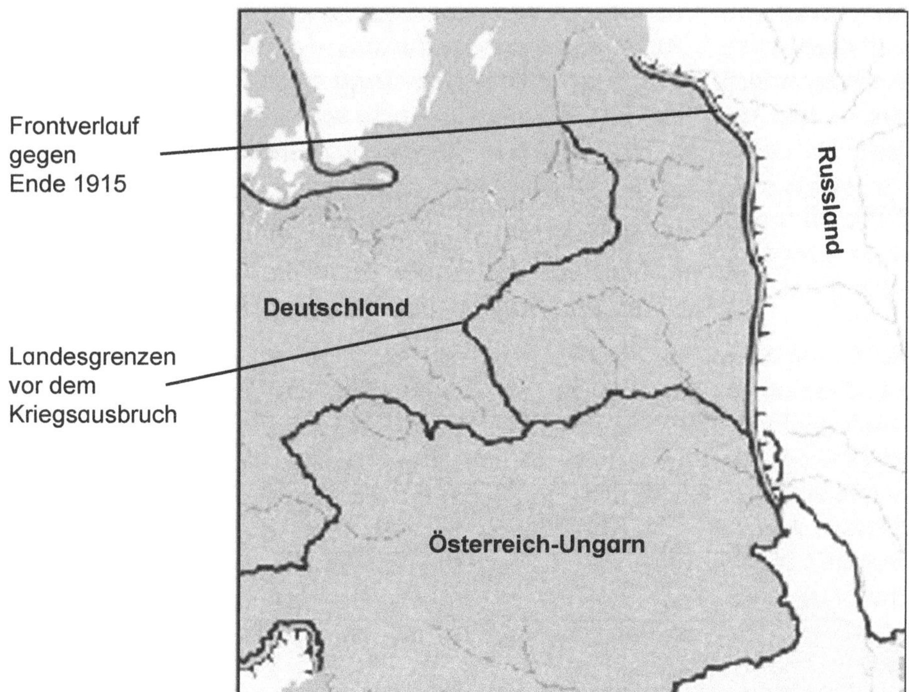

Masuren
Galizien
Lemberg
Kurland
westl. Ukraine

KOHL VERLAG
Lernwerkstatt ERSTER WELTKRIEG
Die Urkatastrophe des 20. Jahrhunderts – Bestell-Nr. 10 689

X. Der Krieg im Osten

EA **Aufgabe 4**: *Erkläre, wie die besetzten Ostgebiete gnadenlos ausgebeutet wurden und was die Folge für die dortige Bevölkerung war.*

EA **Aufgabe 5**: **a)** *Welchen Plan hatten Hindenburg und Ludendorff mit den entvölkerten Gebieten im Osten? Erläutere.*

b) Was ist deine persönliche Meinung zu diesem Vorhaben?

Russische Truppen im Schützengraben

Aufgabe 6: *Hindenburg und Ludendorff sind machthungrig. Mit welchen Erfolgen und Mitteln können sie ihre Macht bis Ende 1917 noch ausweiten? Lest im Text nach und notiert euch unten Stichworte.*

PA

Lernwerkstatt ERSTER WELTKRIEG Die Urkatastrophe des 20. Jahrhunderts – Bestell-Nr. 10 689
KOHL VERLAG

XI. Der Zerfall der Ostfront

Die Situation in Russland verschärfte sich von Kriegsjahr zu Kriegsjahr. Die Versorgung der Bevölkerung mit Getreide konnte kaum noch sichergestellt werden. Überall herrschten Hunger und Unmut. Die russische Armee war denkbar schlecht ausgerüstet; überall mangelte es an Ausrüstung, Verpflegung und Waffen. Die Moral der Soldaten fiel auf einen absoluten Tiefpunkt, schließlich weigerte man sich, für den Zaren weiter zu kämpfen. Zahlreiche Aufstände zwangen den Zaren im März 1917 abzudanken. Es wurde eine neue Regierung aufgestellt, in der zwei Lager weiterhin um die Macht kämpften. Auf der einen Seite traten die Menschewiki für die Fortsetzung des Krieges ein. Sie wurden von Frankreich und Großbritannien unterstützt. Sie wollten um jeden Preis den Zweifrontenkrieg für Deutschland aufrechterhalten. Die Bolschewiki unter der Führung von Lenin traten für einen sofortigen Friedensschluss mit allen Kriegsgegnern ein. Deutschland sah hier seine große Chance und unterstützte sie. Durch die große Kriegsmüdigkeit und den allgemeinen Unmut der russischen Bevölkerung konnte sich Lenin mit seinen Anhängern in der Oktoberrevolution durchsetzen und eroberte die Macht in Russland. Sie errichteten eine Diktatur der Arbeiter-, Bauern- und Soldatenräte.

EA

Aufgabe 1: *Sortiere die folgenden Satzteile zu 3 sinnvollen Sätzen, die inhaltlich dem Lesetext entsprechen.*

Unmut herrschten. | überall Hunger und | verschlechterte sich, da | Aufstände zwangen den Zaren | Russlands Situation | Die russische Armee war | zum Abdanken. | schlecht ausgestattet.

___

___

___

EA

Aufgabe 2: *Die neue Regierung in Russland bestand nach dem Sturz des Zaren aus zwei Lagern. Verbinde die zusammengehörigen Stichpunkte durch Verbindungslinien in verschiedenen Farben richtig miteinander.*

Unterstützung von Frankreich & Großbritannien

Menschenwiki

Bolschewiki

Führung Lenin

Fortsetzung des Krieges

Unterstützung von Deutschland

Machtübernahme nach der Oktoberrevolution

sofortiger Friedensschluss

Zweifrontenkrieg für Deutschland aufrechterhalten

Lernwerkstatt ERSTER WELTKRIEG Die Urkatastrophe des 20. Jahrhunderts – Bestell-Nr. 10 689
KOHL VERLAG

XI. Der Zerfall der Ostfront

Lenin

Die Bolschewiki nahmen sofort Kontakt mit der deutschen Obersten Heeresleitung auf und unterzeichnete im Dezember 1917 einen Waffenstillstand, der schließlich am 3. März 1918 in den für sie erniedrigenden Friedensvertrag von Brest-Litowsk mündete. Russland musste die Unabhängigkeit der Länder Finnland, Estland, Livland, Kurland, Litauen, Polen, Ukraine, Georgien und armenischer Gebiete anerkennen. Damit verlor Russland rund 75 % seiner Stahl- und Eisenproduktion, 25% seiner Bevölkerung und 27% seiner landwirtschaftlichen Nutzfläche. Dies bedeutete für die neue Regierung von Russland eine enorme Schwächung. Warum aber nahmen Lenin und seine getreuen Bolschewiki diesen aufgezwungenen Friedensschluss an? Lenin war davon überzeugt, dass er zunächst seine eigene Macht in Russland sichern müsse. Dazu benötige man alle Kräfte. Ein grausamer Bürgerkrieg in Russland entbrannte. Französische, englische und amerikanische Truppen wurden zur Unterstützung der Menschewiki nach Russland geschickt und kämpften gegen die Revolution der Arbeiter- und Soldatenräte.

Auch in Deutschland sah man beunruhigt auf diese Entwicklung. Auf der einen Seite war der Frieden im Osten ein riesiger Erfolg, aber man wollte um jeden Preis verhindern, dass die Ideen der Bolschewiki ins eigene Land getragen würden. Es wäre verheerend, wenn die deutschen Soldaten die politische Macht in Deutschland erobern würden und es somit zwangsläufig zu einem Kriegsende kommen könnte. Aus diesem Grunde zog man nicht die gesamte Armee von der Ostfront ab, um sie im Westen einzusetzen, sondern man besetzte die nun in die Unabhängigkeit entlassenen Länder wie Finnland, die Ukraine und die baltischen Länder mit ungefähr 1 Millionen Soldaten. Die Oberste Heeresleitung nutzte diese Besetzung, um diese Länder selbst auszubeuten. Kriegswichtige Rohstoffe und große Mengen an Getreide und Fleisch wurden Richtung Deutsches Reich geschickt, um die eigene Situation wenigstens etwas zu verbessern. Das grausame Vorgehen der Besatzungsarmeen gegen die aufständischen Arbeiter und Bauern in diesen Ländern führte zum Verlust der letzten Glaubwürdigkeit Deutschlands und spielte eine entscheidende Bedeutung beim späteren Friedensschluss von Versailles.

Trotzdem muss gesagt werden, dass der Diktatfrieden einen Triumph der Obersten Heeresleitung darstellte und Hindenburg sowie Ludendorff wiederholt als Nationalhelden gefeiert wurden, was sie dazu nutzten, ihre herausragende Stellung in der Politik weiter auszubauen.

EA

Aufgabe 3: *Beantworte die folgenden Fragen in ausführlichen Sätzen in deinem Heft/in deinem Ordner.*

a) Wie war die russische Staatsform nach der Machtübernahme Lenins?

b) Was wurde im Friedensvertrag von Brest-Litowsk festgelegt?

EA

Aufgabe 4: *Zähle auf, welch enorme Schwächung Russland durch diesen Vertrag hinnehmen musste! Schreibe in dein Heft/in deinen Ordner.*

KOHL VERLAG Lernwerkstatt ERSTER WELTKRIEG Die Urkatastrophe des 20. Jahrhunderts – Bestell-Nr. 10 689

XI. Der Zerfall der Ostfront

EA

Aufgabe 5: *Warum war Lenin trotz der schweren Verluste zu diesem Friedensschluss bereit?*

EA

Aufgabe 6: *Wieso waren plötzlich französische, englische und amerikanische Truppen in Russland zu finden?*

EA

Aufgabe 7: *Wieso zeigte sich Deutschland durch die bolschewistischen Ideen in Russland beunruhigt?*

EA

Aufgabe 8: *Warum verlor Deutschland an Glaubwürdigkeit nach dem Friedensvertrag von Brest-Litowsk? Erläutere.*

KOHL VERLAG
Lernwerkstatt ERSTER WELTKRIEG
Die Urkatastrophe des 20. Jahrhunderts – Bestell-Nr. 10 689

XII. Das Kriegsende

Aufstände und die neue Regierung

Der Friedenschluss von Brest-Litowsk brachte für alle beteiligten Kriegsparteien enorme Schwierigkeiten. In allen Armeen herrschte Kriegsmüdigkeit und der Ruf nach Frieden wurde immer lauter. Die Kriegspropaganda aller Länder lief auf Hochtouren; überall war man bemüht, seinen Soldaten zu erklären, warum der Krieg weitergeführt werden müsse. Zahlreiche Soldatenunruhen waren an allen Fronten zu verzeichnen. Auf diese reagierte man mit aller Härte, um nicht die Kontrolle zu verlieren. So wurden z.B. in der französischen Armee 629 Todesstrafen wegen Meuterei ausgesprochen und vollzogen.

In Deutschland hielten sich die Aufstände in Grenzen, lediglich bei der Marine in Kiel kam es zu einem Soldatenaufstand, der jedoch schnell niedergeschlagen wurde. Herrschte in der Armee auch relative Ruhe, so begannen jedoch die Arbeiter in den großen deutschen Städten immer stärker damit, lautstark zu protestieren. Große Streikwellen in Hamburg, Berlin, Bremen und dem Ruhrgebiet waren die Folge. Das deutsche Militär reagierte hierauf mit aller Härte und beendete die Unruhen.

Die deutsche Generalität nutzte den Friedensschluss im Osten, um einen neuen Angriff im Westen zu starten. Ab dem März 1918 konnten deutsche Truppen mit ihrer Großoffensive mächtige Landgewinne verbuchen. Ihr Hauptziel, die französische und englische Armee zu trennen, gelang jedoch nicht. Im Sommer waren die Kräfte der deutschen Armee erschöpft. Die deutschen Truppen konnten nicht mehr ausreichend mit Munition, Verpflegung und Ausrüstung versorgt werden. Die Deutschen standen wie vor vier Jahren am Fluss Marne und konnten ihre Angriffe nicht mehr fortsetzen. Dafür übernahmen die Alliierten nun die Initiative und gingen in den Angriff über. Besonders die frischen amerikanischen Truppen waren hierbei erfolgreich.

Deutsche Truppen im Jahre 1918

Bis zum September befanden sich die deutschen Truppen stetig auf dem Rückzug. Aber mit der Niederlage des Verbündeten Bulgarien fiel der entscheidende Todesstoß für Deutschland. Bisher bezog das deutsche Militär das für den Krieg notwendige Erdöl aus diesem Land. Nun waren sie vom Nachschub abgeschnitten und die Reserven reichten nur noch für kurze Zeit. General Ludendorff erkannte, dass zu diesem Zeitpunkt ein Sieg nicht mehr möglich war und schlug dem deutschen Kaiser vor, den Krieg sofort zu beenden. Dazu sollte nun wieder eine Regierung gebildet werden, die dem Reichstag verantwortlich sein sollte. Diese sollte dann die Waffenstillstands- und späteren Friedensverhandlungen führen. Hatten bisher Hindenburg und Ludendorff alle Entscheidungen gefällt, sollte für die Niederlage jedoch nicht das Militär verantwortlich gemacht werden. Die „Dolchstoßlegende" nahm ihren Anfang. Demnach hat Deutschland den Krieg nicht militärisch verloren, sondern wurde hinterrücks durch Kommunisten und Sozialisten verraten. Dieser Mythos legte eine Grundlage für den späteren Aufstieg der Nationalsozialisten, die ihn benutzten, um politische Gegner einzusperren und zu töten.

PA

Aufgabe 1: *Wieso folgten aus dem Friedensschluss von Brest-Litowsk enorme Schwierigkeiten für alle Kriegsparteien? Diskutiert gemeinsam und schreibt eure Ergebnisse in eure Hefte/in eure Ordner.*

Lernwerkstatt ERSTER WELTKRIEG Die Urkatastrophe des 20. Jahrhunderts – Bestell-Nr. 10 689

EA

Aufgabe 2: *Beantworte die folgenden Fragen in vollständigen Sätzen.*

a) Wo herrschten in Deutschland die größten Unruhen?

b) Was war das Hauptziel der deutschen Armee bis 1918 gewesen?

c) Erkläre in Stichworten, wie die Situation des deutschen Militärs im Sommer 1918 aussah!

d) Wieso war die Niederlage Bulgariens für Deutschland verheerend und brachte General Ludendorff dazu, einen Sieg nun als ausgeschlossen zu sehen?

General Ludendorff

EA

Aufgabe 3: *Beantworte die folgenden Fragen in vollständigen Sätzen in deinem Heft.*

a) Erkläre, was die Dolchstoßlegende bedeutete.

b) Wieso verhalf diese Legende später den Nationalsozialisten zu ihrem Aufstieg?

Lernwerkstatt ERSTER WELTKRIEG
Die Urkatastrophe des 20. Jahrhunderts – Bestell-Nr. 10 689

XII. Das Kriegsende

Am 3. Oktober 1918 wurde eine Regierung unter dem Fürsten Max von Baden ernannt, der aus Angst vor bewaffneten Unruhen den Kaiser aufforderte, abzudanken. Wilhelm II. weigerte sich jedoch. Daraufhin brachen im gesamten Deutschen Reich erneut Unruhen und Aufstände aus, die so schnell an Heftigkeit und Stärke gewannen, dass an eine Beruhigung der Bevölkerung nicht mehr zu denken war. Das war das Ende Kaiser Wilhelms II. Er dankte am 9. November 1918 endlich ab und in Deutschland wurde die Republik ausgerufen. Eine neue Regierung unter dem Sozialdemokraten Friedrich Ebert handelte zwei Tage später einen Waffenstillstandsvertrag mit den Kriegsgegnern aus. Nach nunmehr 51 Monaten war der Erste Weltkrieg endlich beendet. Er sollte die Welt grundlegend verändern.

EA

Aufgabe 4: *Fülle die Lücken mit den passenden Begriffen und trage diese in das Kreuzworträtsel ein. Die grauen Kästchen ergeben ein Lösungswort.*

a) Am 3. Oktober 1918 wurde unter Fürst Max von Baden eine neue ..... ernannt.

b) Da man Angst vor bewaffneten ..... hatte, wurde der Kaiser gebeten, abzudanken.

c) Auf die Weigerung Wilhelms II. hin, abzudanken, folgten starke und heftige Unruhen und ..... in Deutschland.

d) Nach Kaiser Wilhelms II. Abdanken wurde in Deutschland die ..... ausgerufen.

e) Der neue Regierungschef war der ..... Friedrich Ebert.

f) Er handelte mit den ..... einen Waffenstillstandsvertrag aus.

g) Der Krieg hatte 51 ..... gedauert.

Vor der Unterzeichnung des Waffenstillstandssvertrages am 11. November 1918

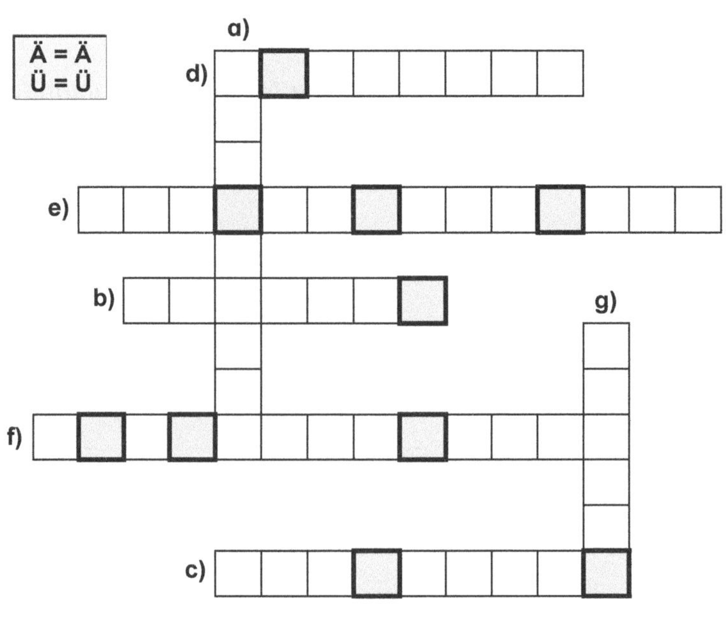

Lösungswort: ______________________

Lernwerkstatt ERSTER WELTKRIEG
Die Urkatastrophe des 20. Jahrhunderts – Bestell-Nr. 10 689
KOHL VERLAG

XIII. Der Friedensvertrag von Versailles

Nach dem Sieg der Deutschen im deutsch-französischen Krieg 1871 wurde im Spiegelsaal von Versailles das Deutsche Reich ausgerufen. Am 18. Januar 1919 traf man sich erneut in Versailles, um über den Friedensvertrag zu verhandeln. Diesmal waren die Franzosen Gastgeber und Kriegssieger. Zusammen mit 32 anderen Staaten beriet man sich über Grundsätze und Formulierungen. Die einstigen Kriegsgegner der Mittelmächte waren hierzu nicht eingeladen. Sie sollten im Anschluss an die Verhandlungen den Vertrag so unterschreiben, wie er ihnen vorgelegt werden würde. Der Frieden wurde also von den Siegern diktiert, wobei insbesondere die „Großen Vier" den entscheidenden Einfluss besaßen. Die USA, England, Italien und Frankreich bestimmten, dass Deutschland riesige Gebietsverluste im Westen und Osten hinnehmen musste. Das Deutsche Reich verlor sämtliche Kolonien. Deutschland musste fast das gesamte Kriegsmaterial abliefern und durfte in Zukunft nur ein stehendes Heer von maximal 100.000 Soldaten unterhalten, das über keinerlei Panzer, Geschütze und Flugzeuge verfügen durfte.

Ein Riesenaufschrei ging durch das deutsche Volk, quer durch alle Parteien im Reichstag herrschte helle Empörung. Das größte Entsetzen wurde aber durch einen anderen Paragraphen des Friedensvertrages ausgelöst: Das war der Teil, in dem die Kriegsschuld des Verlierers geregelt wurde. In ihm wurde festgelegt, dass Deutschland die alleinige Schuld am Ausbruch des Krieges trage und damit für alle Verluste und Schäden verantwortlich sei. Das hatte Reparationszahlungen in immenser Höhe zur Folge, die die Deutschen in den nächsten Jahren zu zahlen hatten.

Das deutsche Volk in seiner Mehrheit und das Parlament lehnten diesen Vertrag ab. Die Regierung trat aus diesem Grund zurück. Die Alliierten erklärten ihrerseits, dass der Krieg dann weitergeführt werden würde und Deutschland militärisch besetzt würde, sollte der Vertrag nicht binnen einer bestimmten Frist doch noch akzeptiert werden. Eine hitzige und leidenschaftliche Debatte im Parlament folgte.

Schließlich setzte sich die Einsicht durch, dass ein weiterer Krieg auf jeden Fall zu verhindern sei. Alle Parteien sagten der Regierung schließlich widerwillig ihre Unterstützung zu. Am 28. Juni 1919 wurde der Friedensvertrag von Versailles schließlich im Spiegelsaal von Versailles unterzeichnet.

Unterzeichnung des Friedensvertrages im Spiegelsaal von Versailles

EA

Aufgabe 1: **a)** *Die Situation hatte sich beim Vergleich der beiden Friedensverträge im Jahre 1871 und 1919 gewendet. Von wem wurden nun die Friedensbedingungen diktiert?*

____

____

b) *Wieso konnte man beim Frieden von „diktieren" sprechen?*

____

____

Lernwerkstatt ERSTER WELTKRIEG Die Urkatastrophe des 20. Jahrhunderts – Bestell-Nr. 10 689

XIII. Der Friedensvertrag von Versailles

EA

Aufgabe 2: *Welche Forderungen stellten die „Großen Vier" an Deutschland? Liste auf.*

EA

Aufgabe 3: *Welche dieser Forderungen löste einen Riesenaufschrei im deutschen Volk aus?*

EA

Aufgabe 4: *Wie reagierte Deutschland auf diesen von den „Großen Vier" ausgearbeiteten Friedensvertrag? Bilde aus den unten angegebenen Begriffen eine sinnvolle Erklärung.*

Ablehnung | Debatte | Regierungsrücktritt

Unterstützung | Unterzeichnung | Frist

Lernwerkstatt ERSTER WELTKRIEG
Die Urkatastrophe des 20. Jahrhunderts – Bestell-Nr. 10 689

XIV. Die Lösungen

Kapitel I:

1.) Der deutsch-französische Krieg 1870/71 wurde von Deutschland gewonnen. Elsass-Lothringen galt ab sofort als Teil des Deutschen Reiches und Frankreich musste zusätzlich auch noch hohe Kriegsentschädigungen bezahlen. So war es selbstverständlich, dass das Verhältnis zwischen den beiden Ländern abkühlte.

2.) Zahlreiche technische Neuentwicklungen, Beschleunigung und Intensivierung des Handels, Ausbau der Verkehrswege, bessere Kommunikationsmöglichkeiten, Eroberung von Kolonien

3.) Während die anderen Großmächte in der ganzen Welt Kolonien eroberten, blieb Deutschland dabei weitgehend außen vor.

4.) Besetzte Kolonien konnten ausgebeutet werden. Sie lieferten kostengünstig Rohstoffe, Kapital und Arbeitskräfte.

5.) **a)** Er bestand auf die Neuverteilung der Welt und wollte, dass Deutschland weltpolitisch eine größere Rolle spielt.
b) Da Deutschland aufrüstete, sah sich die führende Seemacht Großbritannien ebenso zum Aufrüsten gezwungen. Deutschlands Kriegsflotte konnte so nicht zu Großbritanniens Stärke aufschließen. Aber nach diesem Wettrüsten war das Verhältnis zwischen Deutschland und Großbritannien gestört und sie standen auch nicht mehr als Bündnispartner zur Verfügung. **c)** Frankreich und Russland rüsteten ihre Armeen weiter auf. Deutschland war wegen der geographischen Lage sozusagen zwischen diesen beiden Mächten eingekesselt.

7.) Deutschland schlug sich auf die Seite von Österreich-Ungarn, das gegen Russland auf dem Balkan kämpfte.

8.) **1.** 1907, Ende der Auseinandersetzungen um asiatische Einflusszonen
2. 1892, Frankreich und Russland gehen ein Bündnis ein
3. Entente Cordiale, Frankreich und Großbritannien bekräftigen ihre gegenseitige Solidarität
4. Dreibund, die gegenseitige Solidarität zwischen Deutschland, Österreich-Ungarn und Italien

Kapitel II:

1.) **a)** Deutschland unterstützte Österreichs Ziel, die Balkanländer in das Reich einzugliedern, da Deutschland Österreich-Ungarns Einflussbereich sehr gerne weiter weg Richtung Balkan drängen wollte.
b) Er wollte nach seiner Kaiserkrönung die Länder des Balkans unter die österreich-ungarische Krone stellen. Das konnte Serbien nicht recht sein. Deshalb war er ein Feind aller nationalistischen Serben.

2.) Russland und Serbien hatten selbst großes Interesse an diesen Balkanländern und wollten dort Einfluss und Macht erlangen.

3.) **a)** Kaiser; **b)** Attentat; **c)** erschoss; **d)** Europa; **e)** Reich; **f)** Feind **Lösungswort:** Pistole

4.) Deutschland (Verbündeter Österreich-Ungarns) und Russland (Verbündeter der Serben).

5.) Unter Zweifrontenkrieg versteht man, wenn ein kriegführendes Land von zwei Himmelsrichtungen aus an seinen Landesgrenzen angegriffen wird (z.B. von Westen und gleichzeitig im Osten). Ein Zweifrontenkrieg bringt große Nachteile und Belastungen für das kriegführende Land mit sich.

6.) England, enger Verbündeter Belgiens, greift in den Konflikt ein und erklärt Deutschland den Krieg.

7.) **Richtige Antwort:** c)

8.) **In folgender Reihenfolge:** militärische, Attentat, Europa, Pistolenkugeln, verhindern, Drohungen, Serbien, Russland, vollständige Erfüllung, Krieg

Kapitel III:

1.) • Es gab „Freudenumzüge" durch die Straßen, bei denen lauthals gejubelt und gejauchzt wurde.
• Es wurden Hüte in die Luft geschmissen, Blumen wurden geworfen, usw..
• Frauen und Männer umarmten einander, was eigentlich in der Öffentlichkeit streng verboten war.

2.) Man ging davon aus, dass der Krieg schnell vorübergehen würde und dass man spätestens bis Weihnachten wieder zu Hause sei.

3.) Es bildeten sich lange Menschenschlangen vor den Musterungsstellen des Militärs, man nahm stundenlanges Warten in Kauf, um gemustert zu werden. Die „Augustverrücktheit" war Ausdruck für die überschwängliche Kriegsbegeisterung, die damals in England Einzug hielt.

4.) Diese Männer empfanden das als persönliche Demütigung und Katastrophe und verkrochen sich zumeist verschämt, um nur noch selten in der Öffentlichkeit aufzutreten. Einige unter den dienstuntauglich eingestuften Männern begingen auch Selbstmord, da die Schande, nicht am Krieg teilnehmen zu können, für sie unerträglich schien.

5.) Man glaubte, für eine gerechte Sache zu kämpfen. Allgemein war die Meinung weitverbreitet, dass es ein gerechter, schneller und leichter Krieg sei, in dem der jeweilige Feind der Böse sei. Da sowohl die Regierung als auch die Medien an einem Strang zogen, ließ sich die Bevölkerung euphorisieren.

6.) Die große Illusion bedeutete, dass alle Völker davon ausgingen, der Krieg sei in wenigen Wochen beendet und eine schnelle und einfach zu entscheidende Sache.

7.) **a)** Die Regierung und die Medien (Zeitung, Rundfunk) arbeiteten Hand in Hand, um die Bevölkerung im Krieg „bei Laune zu halten". Außerdem gab es generell eine strenge Zensur durch das Militär, denn es sollten keine militärisch wichtigen oder für die Stimmung negativen Nachrichten veröffentlicht werden.
b) Obwohl in allen europäischen Ländern der gemeinsame christliche Glaube überwog, erklärte man den Familien, deren Söhne im Krieg starben, dass sie für eine gerechte Sache ihr Leben gaben und man es ihnen danken werde.

XIV. Die Lösungen

Kapitel IV:

1.) Unter Fronturlaub versteht man eine zumeist zeitlich kurz befristete Freistellung von der Front, die der Soldat zum Heimatbesuch bei seiner Familie nutzen darf.

2.) Frankreich sollte von Norden her über Belgien erobert werden, da die direkte Grenze zwischen Frankreich und Deutschland zu gut gesichert war. Geplant war, Frankreich schnell zu besiegen, noch bevor Russland seine Armee gegen Deutschland führen konnte.

3.) **Richtige Aussagen:** b), c)

4.) „Habt ihr Paris schon erobert?" - *„Wir haben Paris fast erreichen können. Unsere Artilleriegeschütze konnten die Stadt schon beschießen. Aber die Franzosen wehrten sich; ihnen war klar, wenn Paris erobert werden würde, würde Frankreich besiegt."*
„Mit Belgien hattet ihr es doch leicht, oder?" - *„Das belgische Volk leistete enormen Widerstand. Wir mussten sogar gegen die Zivilbevölkerung vorgehen. Wir zerstörten viele Dörfer, Städte und Betriebe, um den Widerstand zu brechen. Ich glaube, so richtig gelungen ist uns das aber nicht."*
„Aber ihr siegt doch noch immer?" - *„Nun, eigentlich nicht mehr. Südlich der Marne sind enorme französische Truppen stationiert. Die Franzosen haben unseren Vorstoß gestoppt und drängen uns sogar zurück.*

5.) In der Schlacht bei Tannenberg haben Hindenburg und Ludendorff die Russen vernichtend geschlagen.

7.) **a)** Hermann glaubt, der Krieg sei ein Kinderspiel und eine leichte Sache.
b) Die deutschen Medien berichteten nur über große Erfolge. Niederlagen wurden nur „entschärft" oder unzureichend der Bevölkerung mitgeteilt. Man wollte die Kriegsbegeisterung und damit auch die finanzielle sowie moralische Unterstützung des Militärs durch die Zivilbevölkerung nicht gefährden.

8.) Die Menschen der verschiedenen Staaten verachteten sich gegenseitig. Deutschland fühlte sich allen anderen militärisch überlegen.

Kapitel V:

2.) Die Überlebenschancen waren durch den ständigen feindlichen Beschuss äußerst gering. Die Soldaten wurden wie Karnickel einfach abgeschossen.

3.) Der Soldat hat erkannt, dass auch er wie ein Kaninchen abgeschossen werden würde, wenn er es vielleicht nicht in den nächsten Bombentrichter schaffe. Zurückbleiben kann er auch nicht, dann wäre er ein Verräter und Kriegsverweigerer an vorderster Front. Und solch ein Verhalten wurde häufig durch das Kriegsgericht mit dem Tod bestraft.

4.) Ein Offizier sagte mir, dass wir den Krieg gewinnen werden, weil wir mehr Waffen und Munition haben, und das sei das alles Entscheidende. Also, meine geliebte Frau, es liegt mit an euch. Wenn ihr zu Hause nur ordentlich arbeitet und fleißig Waffen produziert, werdet ihr den Krieg verkürzen. Wir werden dann siegen und ich kann dich endlich wieder in meine Arme schließen.

5.) Weil er sich der tödlichen Gefahr an der Front durchaus bewusst ist und nicht will, dass sein Sohn dieser todbringenden Gefahr ebenfalls ausgesetzt werden könnte.

8.) Man ging davon aus, dass Russland einige Zeit benötigen würde, um seine Truppen in Stellung zu bringen. Deshalb sollte zuerst Frankreich besiegt werden, um dann später mit allen verfügbaren Kräften gegen Russland vorgehen zu können. Die Schnelligkeit des militärischen Vorgehens sollte hierbei den Krieg entscheiden.

9.) **a)** Der Stellungskrieg begann an der Marne, dies ist ein französischer Fluss. Bis dahin war der Vormarsch der deutschen Truppen planmäßig verlaufen. An dieser Stelle jedoch konnten die Franzosen den deutschen Einmarsch stoppen.
b) Frankreich war im Westen die erste selbst herbeigeführte Front. Russland folgte im Osten schneller als erwartet. 1915 erklärte dann auch Italien Deutschland den Krieg. So war eine dritte Front im Süden mit Italien hinzugekommen.
c) Deutschland war im Sommer 1915 von allen drei Landseiten eingekesselt. Die Idee, Frankreich schnell zu besiegen, war gescheitert, da Deutschland beim Angriff auf das Land schon früher als erwartet gestoppt wurde und zu viel Zeit verloren ging.

10.) Deutschland war von allen Himmelsrichtungen her eingekesselt. Im Norden wurde die Nordsee überwiegend von der britischen Flotte kontrolliert, also war auch der Seeweg blockiert!

Kapitel VI:

1.)
- Nur Frauen, Kinder und ältere Menschen konnten die Ernte einbringen, die Männer waren an der Front.
- Es fehlten Fachkräfte. Pferd und Wagen standen nicht zur Verfügung, da sie an der Front benötigt wurden.
- Vor allem in den Städten wurde die Versorgungslage dramatisch, es fehlte an allem.
- Die Nordsee fiel als Handelsweg aus, da sie von der englischen Flotte blockiert wurde.

2.) Die Blockade der Seewege über die Nordsee durch die englische Flotte hatte das Ziel, Deutschland von den überlebensnotwendigen Handelswegen abzuschneiden. So sollten keine kriegswichtigen Rohstoffe oder Lebensmittel ins Land kommen. So wollte man Deutschland von Innen her in die Knie zwingen.

3.) **Richtige Aussagen:** a), b), d), f), g), i)

4.) Der Kriegsverlauf war negativ, denn aus dem Bewegungskrieg war ein Stellungskrieg geworden.
Hunger durch eine schlechte Ernte herrschte in Deutschland.
Auf dem Schwarzmarkt konnte man trotz Versorgungsengpässen für viel Geld alles kaufen.

XIV. Die Lösungen

Kapitel VI:

5.) Die Produktion in Industrie und Landwirtschaft sank, da alle Männer beim Militär an der Front waren und somit wichtige ausgebildete Arbeitskräfte fehlten. Hinzu kam, dass die Menschen, die in Deutschland geblieben waren, durch die grassierende Hungersnot stark geschwächt wurden.

6.) Die gesamte deutsche Wirtschaft wurde auf Kriegsproduktion umgestellt. Rüstungsbetriebe wurden zentral und mit straffer Hand geleitet, es herrschte strikte Planwirtschaft. Man hob alle einschränkenden Beschäftigungsgesetze auf, damit auch Frauen und Jugendliche längere Arbeitszeiten und sogar Schicht- und Nachtarbeit durchführen konnten.

7.) Sie dienten dazu, dringend benötigtes Geld bei der Bevölkerung aufzutreiben. Nur so konnten die enormen durch den Krieg verursachten Rüstungskosten finanziert werden.

8.) Man hatte großes Mitgefühl mit den kämpfenden Männern und den Verwandten an der Front. Außerdem hofften alle insheim doch noch auf den Sieg.

9.) Frauen- und Jugendarbeit in den Rüstungsfabriken; totale Kriegsproduktion; Hunger; Finanzierung durch Kriegsanleihen

Kapitel VII:

1.) Die Landschaft wurde durch den enormen Beschuss vollständig zerstört und wirkte nach den Kampfhandlungen wie eine Mondlandschaft. Die Soldaten verschanzten sich in Schützengräben. Die Toten konnten wegen des Dauerbeschusses nicht mehr geborgen und demnach auch nicht bestattet werden.

2.) Sie wurden kriegsmüde. Sie verloren den Glauben an die Richtigkeit des Krieges. Sie verloren das Vertrauen in die Offiziere und in die Generalität.

3.) **a)** Obwohl die Schlacht 10 Monate (Februar 1916 bis Dezember 1916) dauerte, gab es letzendlich keinen Sieger. Die Frontlinie hatte sich kaum verändert. Es gab etwa 350.000 Tote auf beiden Seiten zu beklagen.
b) Sie saßen ewig in Schützengräben, hatten stetig den Tod vor Augen. Sie konnten ihre Toten durch die ständige Gefahr nicht mehr vom Schlachtfeld tragen oder bestatten. Aber am schlimmsten waren die Verstümmelungen. Diese Angst war eine extreme psychische Belastung.

Kapitel VIII:

1.) **Richtige Aussagen:** a), c), d)

3.) **a)** Bei der Versenkung der RMS Lusitania durch das deutsche U-Boot U 20 kamen auch etwa 100 Amerikaner ums Leben. Der Angriff auf das Passagierschiff war ohne Vorwarnung vorgenommen worden. Dies erzürnte die Amerikaner so sehr, dass sie Deutschland mit dem Kriegseintritt drohten, sollte sich Deutschland nicht dazu entschließen, den uneingeschränkten U-Boot-Krieg einzuschränken.
b) Die Deutschen wollten den Kriegseintritt der Amerikaner abwenden. Deswegen wurde beschlossen, den uneingeschränkten Seekrieg einzustellen, um die Amerikaner nicht weiter zu provozieren.
c) Die britische Insel war von den Nachschublinien über das Meer im Besonderen abhängig. Als die U-Boote vermehrt Handelsschiffe mit wichtigen Gütern für Großbritannien versenkten, kam es zu Versorgungsengpässen.
d) Man führte ein spezielles Konvoi-System ein, bei dem Handelsschiffe nur noch im Rudel über die Meere fahren sollten. Jeder Konvoi wurde durch zusätzliche Kampfschiffe (z.B. Zerstörer, Fregatten) begleitet, die die im Konvoi fahrenden Schiffe vor Angriffen durch U-Boote schützen sollten.
e) Die noch vorhandenen U-Boote mussten nach der deutschen Kapitulation den Siegermächten übergeben werden.

Kapitel IX:

1.) Großbritannien und Frankreich bezogen Produkte aus den USA. Die USA gab den beiden kriegführenden Ländern Kredite. Die USA betrieb Handel mit Südamerika, aus dem sich Frankreich und Großbritannien zurückgezogen hatten.

3.) Die Bevölkerung der USA bestand aus vielen verschiedenen Nationalitäten durch die zahllosen Einwanderer. Daher war nicht klar, wie sich die Menschen verhalten würden, wenn sie nun gegen ihre eigenen Herkunftsländer in den Krieg ziehen sollten.

5.) Die Alliierten waren zahlenmäßig plötzlich drückend überlegen. 1,5 Millionen zusätzliche Soldaten unterstützten die Alliierten. Ein schier unerschöpfliches Arsenal an Rohstoffen und Kriegsmaterial sowie eine ungeheuer starke wirtschaftliche Leistungsfähigkeit standen den alliierten Kriegsmächten zur Verfügung.

6.) **a)** Vermittlerrolle; **b)** Staat; **c)** öffentlich; **d)** Meere; **e)** Handelsschranken; **f)** Abrüstung; **g)** diplomatisch; **h)** Nachkriegszeit **Lösungswort:** Frieden

Kapitel X:

1.) Laut Schlieffenplan war Deutschland davon ausgegangen, dass Russland einige Wochen Zeit benötigen würde, um seine Armeen zu mobilisieren. Dies war aber ein Irrtum!

4.) Zwangsarbeit; den Bauern wurden die Tiere und das Getreide weggenommen; hohe Steuern; alles Kriegswichtige wurde nach Deutschland gebracht (sogar Orgelpfeifen, da man daraus Munition herstellen kann); Einige Gebiete waren nahezu ausgestorben/entvölkert nach der Hungersnot im Winter 1916/17.

6.) Popularität beim deutschen Volk; der Kaiser übergibt im August 1916 die Leitung der obersten Heeresleitung; Übernahme der Macht über das gesamte Deutsche Reich; totale Mobilisierung; uneingeschränkter U-Boot-Krieg; Sturz des Reichskanzlers Bethmann-Hollweg

XIV. Die Lösungen

Kapitel XI:

1.) Russlands Situation verschlechterte sich, da überall Hunger und Unmut herrschten. Die russische Armee war schlecht ausgestattet. Aufstände zwangen den Zaren zum Abdanken.

2.)
- Menschenwiki - Unterstützung von Frankreich & Großbritannien - Fortsetzung des Krieges - Zweifrontenkrieg für Deutschland aufrechterhalten
- Bolschewiki - Führung Lenin - sofortiger Friedensschluss - Unterstützung von Deutschland - Machtübernahme nach der Oktoberrevolution

3.) **a)** Diktatur der Arbeiter-, Bauern- und Soldatenräte.
b) Russland musste die Unabhängigkeit folgender Länder anerkennen: Finnland, Estland, Livland, Kurland, Litauen, Polen, Ukraine, Georgien, armenische Gebiete.

4.)
- Verlust von 75% der Stahl- und Eisenproduktion
- Verlust von 25% der Bevölkerung
- Verlust von 27% der landwirtschaftlichen Nutzfläche

5.) Lenin war der Meinung, zuerst seine eigene Macht in Russland sichern zu müssen.

6.) Sie unterstützten während der Revolution die Menschewiki, die gegen die Arbeiter- und Soldatenräte Lenins kämpften.

7.) Man befürchtete, der Bürgerkrieg und die Kriegsunlust könnten nach Deutschland überschwappen. Man fürchtete, auch deutsche Soldaten wollten an die politische Macht und würden dadurch ein Kriegsende herbeiführen.

8.) Weil Deutschland die nun freien Gebiete besetzte und auf grausame Art und Weise ausbeutete.

Kapitel XII:

1.) Da in allen Armeen zum Schluss des Krieges Kriegsmüdigkeit herrschte, wurde der Ruf nach Frieden laut. Auf Soldatenunruhen wurde mit extremer Härte reagiert.

2.) **a)** Die größten Proteste kamen bei den Arbeitern auf. Es entstanden große Streikwellen, auf die das Militär mit extremer Härte reagierte.
b) Sie hatten zum Ziel, große Landgewinne im Westen zu verbuchen. Das Hauptziel war es, die englische und die französische Armee zu trennen, das gelang jedoch nicht.
c) Kräfte der deutschen Armee erschöpft; nicht mehr ausreichend Munition, Verpflegung und Ausrüstung; neue Offensive der Alliierten
d) Mit der Niederlage des Verbündeten Bulgarien war der Nachschub des kriegsnotwendigen Erdöls abgeschnitten.

3.) **a)** Lösung siehe Infotext auf Seite 42!
b) Da man sagen konnte, dass Deutschland nicht militärisch verloren hatte, sondern von Kommunisten und Sozialisten verraten wurde, konnten die Nationalsozialisten gegen diese Menschen später politisch vorgehen und das Volk vom militärischen Können Deutschlands überzeugen.

4.) **a)** Regierung; **b)** Unruhen; **c)** Aufstände; **d)** Republik; **e)** Sozialdemokrat; **f)** Kriegsgegnern; **g)** Monate
Lösungswort: Kriegsende

Kapitel XIII:

1.) **a)** Die Bedingungen wurden von den „Großen Vier“ diktiert, das waren die USA, England, Frankreich und Italien. Das war die Runde der Siegermächte.
b) Weil Deutschland den Friedensvertrag vorgesetzt bekam und an dessen Ausarbeitung nicht beteiligt war.

2.)
- Riesige Gebietsverluste im Westen und vor allem im Osten.
- Der Verlust sämtlicher Kolonien.
- Die Ablieferung allen Kriegsmaterials.
- Zukünftig nur noch ein stehendes Heer mit maximal 100.000 Soldaten.
- Kein Besitz von Panzern, Geschützen und Flugzeugen.
- Die alleinige Kriegsschuld mit enormen Reparationszahlungen.

3.) Die alleinige Kriegsschuld Deutschlands sorgte für einen gewaltigen Aufschrei unter der deutschen Bevölkerung. Auch die damit verbundenen Reparationszahlungen schienen kaum erträglich.

Dirk Witt & Tim Schrödel

Imperialismus Die schrittweise Aufteilung der Welt

Inhalt: *Imperialismus - was ist das?; Die koloniale Entwicklung bis 1870; Die großen Kolonialmächte (Großbritannien, Frankreich, Russland, USA, Japan); Auseinandersetzungen imperialistischer Mächte; Das Deutsche Kaiserreich ab 1871; Das Deutsche Kaiserreich wird Kolonialmacht; Die Folgen des Imperialismus u.v.m.*

			PDF-Schullizenz
Buch	11 274	20,80 €	
PDF	P11 274	16,49 €	66,- €

88 Seiten — 6 7 8 9 10 11

Dirk Witt, Lynn-Sven Kohl & Moritz Quast

Stellungskrieg – Der 1. Weltkrieg

Inhalt: *Die Urkatastrophe; Die politische Stimmung spitzt sich zu; Der Fall Sarajevo; Kriegsbegeisterung in Europa; Deutsche Truppen rücken vor; Vom Bewegungskrieg zum Stellungskrieg; Die Heimatfront; Verdun; Der U-Boot-Krieg; Die Amerikaner greifen ein; Der Krieg im Osten; Der Zerfall der Ostfront; Das Kriegsende; Der Friedensvertrag von Versailles*

			PDF-Schullizenz
Buch	10 689	15,80 €	
PDF	P10 689	12,49 €	50,- €

52 Seiten — 7 8 9 10 11-13

Dirk Witt, Moritz Quast & Tim Schrödel

Die Weimarer Republik

Die erste parlamentarische Demokratie Deutschlands

Zum Inhalt: *Die Weimarer Verfassung; Parlamentarische Demokratie; Parteien und Regierungen; Der Vertrag von Versailles; Arbeiteraufstände; Inflation; Die Goldenen Zwanziger; Die Ruhrbesetzung; Kultur- und Sozialpolitik; Die Nationalsozialisten; Das Ende der Republik*

			PDF-Schullizenz
Buch	10 851	17,80 €	
PDF	P10 851	14,49 €	58,- €

64 Seiten — 7 8 9 10 11

Michael Müller

NATO Geschichte & Aufgaben des Militärbündnisses

Einblicke in die vielfältige Geschichte und Entwicklung des 1949 gegründeten Atlantischen Bündnisses einschließlich seiner umfangreichen Ziele und Aufgaben. Informativ, umfassend und lebensnah wird auch die aktuelle Situation mit allen Problemstellungen in schülernahen Aufgabenstellungen und Anregungen dargestellt.

			PDF-Schullizenz
Buch	11 730	15,80 €	
PDF	P11 730	12,49 €	50,- €

56 Seiten — 7 8 9 10 11-13

Gabriela Rosenwald

Als Oma und Opa noch zur Schule gingen

Die Geschichte der Schule von früher bis heute

Inhalt: *Geschichte der Schule (Schule im 18./19. Jhdt., Tornister, Rudolf Steiner, Maria Montessori...); Lesen und Schreiben (Bleistift...); Rechnen; Schulleben (Belohnung und Strafen, Das Zeugnis...); Zum guten Schluss (Ausstellung „Schule früher") u.v.m.*

			PDF-Schullizenz
Buch	10 977	18,80 €	
PDF	P10 977	14,99 €	60,- €

80 Seiten — 5 6 7 8 9

Peter Botschen, Christiane Awakowicz & Tim Schrödel

Die Zeit der Rote Armee Fraktion (RAF)

Inhalt: *Wichtige Begriffe zum Verständnis; Die turbulenten 60er-Jahre; Die Notstandsgesetze und die linke Szene; Die Bildung der Baader-Meinhof-Gruppe; Der bewaffnete Kampf; Das Ende der RAF; Jüngste Entwicklungen rund um die RAF; Bedeutende Persönlichkeiten der RAF; Chronologie des Terrors; Extremismus heute ...*

			PDF-Schullizenz
Buch	11 014	15,80 €	
PDF	P11 014	12,49 €	50,- €

56 Seiten — 7 8 9 10 11-13

Gabriela Rosenwald

Die Geschichte des Geldes

Inhalt: *Tauschgeschäfte; Die ersten Münzen; Verschiedene Metalle und deren Bedeutung; Das kaiserliche Geld; Gemeinsame Währungen; Geld und Macht; Das Münzprägerecht; Das erste Papiergeld; Papiergeld in Europa; Die unterschiedlichen Währungen; Gold - das ewige Geld; Inflation; Währungsreformen; Kreditkarte, Die elektronische Geldbörse u.v.m.*

			PDF-Schullizenz
Buch	11 504	15,80 €	
PDF	P11 504	12,49 €	50,- €

48 Seiten — 5 6 7 8

Birgit Brandenburg

Der Traum vom Fliegen

Vor 125 Jahren flog der erste Mensch mit einem selbstgebauten Fluggerät durch die Luft. Neben der geschichtlichen Entwicklung der Luftfahrt geht dieser Band in zahlreichen Beispielen und Versuchen auch auf die spannende physikalische Frage ein, WARUM sich ein Flugzeug überhaupt in der Luft halten kann ...

			PDF-Schullizenz
Buch	12 075	14,80 €	
PDF	P12 075	11,99 €	48,- €

48 Seiten — 5 6 7

Dr. Adrian Klenner, Lynn-Sven Kohl & Moritz Quast

Blitzkrieg – Der 2. Weltkrieg

Die Entfesselung der totalen Katastrophe

Inhalt: *Nazis auf dem Weg zur Macht; Kriegsvorbereitungen; Blitz- und Vernichtungskriege; Krieg gegen die Sowjetunion; Der alliierte Luftkrieg gegen Deutschland; Totaler Krieg; Jugend im Nationalsozialismus und im Krieg; Ermordung der Juden; Deutscher Widerstand; Kriegsende ...*

			PDF-Schullizenz
Buch	10 699	17,80 €	
PDF	P10 699	14,49 €	58,- €

64 S. — 7 8 9 10 11-13

Dirk Witt, Ulrike Stolz & Lynn-Sven Kohl

Deutschland

Teilung & Wiedervereinigung

Dieser Band beleuchtet eines der spannendsten Kapitel der deutschen Geschichte.

Inhalt: *Besatzungszonen; Alltagsleben in der Nachkriegszeit; Deutschlands Teilung; Ulbricht, Adenauer; Bürger der DDR begehren auf; Mauerbau; Wandel durch Annäherung; Helmut Kohl; Erich Honecker; Friedliche Revolution; Wiedervereinigung u.v.m.*

			PDF-Schullizenz
Buch	10 852	18,80 €	
PDF	P10 852	14,99 €	60,- €

72 S. — 7 8 9 10 11-13

Kurt Schreiner

Kalter Krieg

Zwei Machtblöcke stehen sich gegenüber

Inhalt: *Zwei Siegermächte ringen um die Vorherrschaft, der Rüstungswettlauf, Bündnispolitik, Das geteilte Deutschland im Kalten Krieg, Stellvertreterkriege, Im Osten beginnt es zu rumoren, Der Zusammenbruch der alten Sowjetunion, Neu Staaten entstehen, Deutschland - ein Land, das Ende des Kalten Krieges, Die neue Stellung der zwei Weltmächte in der Welt, Neueste Entwicklungen....*

			PDF-Schullizenz
Buch	12 189	18,80 €	
PDF	P12 189	14,99 €	60,- €

56 S. — 8 9 10 11-13

Thomas Koch

Rätsel Geschichte

Die Rätsel zu den einzelnen Epochen bieten Wiederholung, Festigung und Übung, sie sind aber auch zur Differenzierung geeignet. Der Schwierigkeitsgrad steigt chronologisch an. Jeder Rätselaufgabe geht ein Infoteil voraus und kann daher auch von fachfremd Unterrichtenden bestens eingesetzt werden. Schlüsselbegriffe und ausführliche Lösungen runden den Inhalt ab. Ein Zeitstrahl gibt jedem Thema die passende Zuordnung in der Geschichte. So wird der Überblick über die Epochen anschaulich vermittelt.

FÖ INK

			PDF-Schullizenz
Buch	12 214	17,80 €	
PDF	P12 214	14,49 €	58,- €

72 Seiten — 5 6 7 8 9

Hans-Peter Pauly

Kreuzworträtsel GESCHICHTE

Prüfung und Festigung des Allgemeinwissens in Geschichte mit Kreuzworträtseln. Ob Regelunterricht, Projektarbeit, Vertretungsstunde – Begeisterung ist garantiert bei kniffligen Fragen zu verschiedensten Bereichen aus dem Lehrplan.

Altertum	Buch	11 244	14,80 €
	PDF	P11 244	11,99 €
Mittelalter	Buch	11 245	14,80 €
	PDF	P11 245	11,99 €
Neuzeit	Buch	11 246	14,80 €
	PDF	P11 246	11,99 €
Neueste Zeit	Buch	11 247	16,80 €
	PDF	P11 247	13,49 €

48/64 Seiten

PDF-Schullizenz (je Band) 48,- / 54,- €

5 6 7 8 9 10

Peter Botschen & Marlies Zibell

Spiele zur Geschichte

Vorhandenes Wissen spielerisch festigen. Kreuzworträtsel, Quartett, Dominos, Lernsterne, Puzzle ...

Griechen	Buch	10 980	13,80 €
	PDF	P10 980	10,99 €
Römer	Buch	11 827	14,80 €
	PDF	P11 827	11,99 €
Ägypter	Buch	11 975	13,80 €
	PDF	P11 975	10,99 €
Mittelalter	Buch	12 029	13,80 €
	PDF	P12 029	10,99 €
Burgen & Ritter	Buch	12 030	13,80 €
	PDF	P12 030	10,99 €

je 32 Seiten

PDF-Schullizenz (je Band) 44,- €

FÖ — 5 6

Klasse 5 | 6 | 7 | 8 | 9 | 10 | 11-13

Gesellschaftswissenschaften

Moritz Quast & Lynn-Sven Kohl

Das Mittelalter

Ein spannendes Zeitalter unter der Lupe

Zum Inhalt: *Das Mittelalter und seine Epochen; Die Gesellschaft im Mittelalter; Das Lehnswesen; Die Kirche im Mittelalter; Das Leben in einem Kloster; Das Leben auf dem Land; Eine mittelalterliche Stadt; Die Entwicklung des Handels; Kultur und Kleidung im Mittelalter; Das Rittertum und seine Burgen; Das Aufkommen der Pest; Das Ende des Mittelalters; Abschlusstest*

40 S.

Buch	10 663	15,80 €
PDF	P10 663	12,49 €

PDF-Schullizenz 50,- €

5 6 7

Claudia Eisenberg

Leben in einer mittelalterlichen Stadt

Vom alltäglichen Leben in einer mittelalterlichen Stadt gibt es allerhand Interessantes zu berichten!

Inhalt: *Wie Städte entstanden; Freie Städte/Reichsstädte; Die Hanse; Aufbau einer mittelalterlichen Stadt; Kirche, Kreuzzüge und Kloster; Baustile der Romantik & Gotik; Gesellschaftsordnung im Mittelalter; Mode; Handel, Kaufleute, Gilden; Zünfte; Gaukler & Sänger; Ernährung und Tischsitten; Hexenverfolgung; Cluster zum Mittelalter u.v.m.*

64 S.

Buch	11 301	16,80 €
PDF	P11 301	13,49 €

PDF-Schullizenz 54,- €

5 6 7 8

Dirk Witt & Lynn-Sven Kohl

Der Sonnenkönig

Die Zeit des Absolutismus

König Ludwig XIV. und das Leben in Versailles

Zum Inhalt: *Wer war König Ludwig XIV.?; Europa im Zeichen des Absolutismus; Lebenslauf König Ludwigs XIV.; Leben in Versailles - ein riesiger Prunkbau; Ein Tag am Hofe des Königs; Der Staat - das bin ich!; Merkantilismus - eine neue Wirtschaftsform; Manufakturen; Ludwig XIV. erweitert seinen Machteinfluss; Der Barock; Ludwigs Vermächtnis u.v.m.*

52 S.

Buch	10 708	16,80 €
PDF	P10 708	13,49 €

PDF-Schullizenz 54,- €

6 7 8 9 10

Ulrike Stolz & Lynn-Sven Kohl

Die Französische Revolution

Ein Volk erhebt sich gegen seine Herrscher

Inhalt: *Projektideen rund um die Französische Revolution; Frankreich vor der Revolution; Einberufung der Generalstände; Die Versammlung im Ballhaus; Der Sturm auf die Bastille; Die „Augustbeschlüsse"; Die Trennung von Staat und Kirche; Die neue Verfassung; Die Kriegserklärung des Königs; Die Hinrichtung König Ludwigs XVI.; Die Terrorherrschaft der Jakobiner; Das Direktorium; Ein Staatsstreich beendet die Revolution; Abschlusstest*

48 Seiten

Buch	10 688	15,80 €
PDF	P10 688	12,49 €

PDF-Schullizenz 50,- €

6 7 8 9 10

Gabriela Rosenwald

Wichtige Erfindungen und ihre Erfinder

Bedeutende Erfindungen vom Rad bis zum Internet

Diese Lernwerkstatt beschäftigt sich mit zahlreichen sehr bedeutenden Erfindungen in der Geschichte.

Inhalt: *Erfinder und Entdecker; Zeitübersicht wichtiger Erfindungen; Das Patent; Bedeutende Erfindungen (Rad, Schwarzpulver, Computer ...); Die Luftfahrt; Verständigung (Kommunikation); Motoren und Autos; Rundfunk und Fernsehen u.v.m.*

56 Seiten

Buch	10 996	16,80 €
PDF	P10 996	13,49 €

PDF-Schullizenz 54,- €

5 6 7 8

Georg Brandt, Bandi Koeck & Viktoria Weimann

Israel und Palästina

Der Nahostkonflikt unter der Lupe

Hintergründe und Auswirkungen des Konfliktes werden erläutert, um aktuelle Ereignisse sowie historische und politische Ursachen genauer zu verstehen, zu hinterfragen und zu durchschauen.

Von den Anfängen bis zum Sechstagekrieg	Buch	11 490	22,80 €
	PDF	P11 490	18,49 €
Vom Sechstagekrieg bis zum Libanonkrieg 1982	Buch	11 563	22,80 €
	PDF	P11 563	18,49 €
Vom Libanonkrieg 1982 bis heute	Buch	11 725	16,80 €
	PDF	P11 725	13,49 €

64/128 Seiten

PDF-Schullizenz (je Band) 54,- / 74,- €

7 8 9 10 11-13

Kurt Schreiner

Völkerwanderung Ursachen, Folgen, Visionen

Ursachen von Flüchtlingswellen und die damit verbundenen Folgen aus Sicht der Flüchtlinge aber auch aus Sicht der Zufluchtsländer.

Inhalt: *Wanderungsbewegungen; Vor der Völkerwanderung: Erste Begegnungen zwischen Römern und Germanen; Wanderungs- & Migrationsbewegungen; Die Flüchtlingskrise 2015 u.v.m.*

64 Seiten

Buch	11 909	16,80 €
PDF	P11 909	13,49 €

PDF-Schullizenz 54,- €

6 7 8 9 10 11-13

Rüdiger Kohl & Lynn-Sven Kohl

Die Ritter Die stolzen Krieger unter die Lupe genommen

Die stolzen Krieger, ihr Lebensstil und ihre Geschichte werden betrachtet.

Inhalt: *Die Entstehung der Ritter; Vom Pagen zum Ritter; Die Ritterausrüstung; Ritterturniere; Der Ritter im Krieg; Die Ritterburgen; Das Leben auf der Burg; Die Erstürmung einer Burg; Die Kreuzzüge; Das Ende der Ritterzeit; Der Abschlusstest*

40 Seiten

Buch	10 662	14,80 €
PDF	P10 662	11,99 €

PDF-Schullizenz 48,- €

5 6 7

Birgit Brandenburg

Leben auf einer mittelalterlichen Burg

Ein spannender Einblick ins Innenleben einer Burg

Inhalt: *Wehrhaftes Eigenheim; Bequem und warm ist anders!; Der Feind zu Gast; Dunkle und kalte Zeiten; Karriereleiter zum Ritter; „Von guoter Spiese"; Benimmregeln bei Rittern; Dürftige Körperpflege; Ab ins Kloster u.v.m.*

64 Seiten

Buch	11 828	16,80 €
PDF	P11 828	13,49 €

PDF-Schullizenz 54,- €

5 6

Erich van Heiss & Ulrike Stolz

Friedrich der Große König von Preußen

Inhalt: *Königreich Preußen; Geburt und Kindheit; Jugendzeit (Künstler, Zucht/Aufruhr); Leben als Kronprinz; Vom Kronprinzen zum König; Krieg und immer wieder Krieg (die Armee, Siebenjähriger Krieg); Die letzten Jahre u.v.m.*

68 Seiten

Buch	11 364	16,80 €
PDF	P11 364	13,49 €

PDF-Schullizenz 54,- €

7 8 9 10 11-13

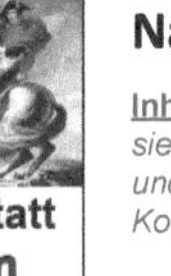

Friedhelm Heitmann

Napoleon Bonaparte

Inhalt: *Machtübernahme, Festigung und Ausbau, Code civil, Koalitionssiege, Vorwände und Absichten Napoleons, Frankreich zwischen 1789 und 1813, Russlandfeldzug, Befreiungskriege, Pariser Frieden, Wiener Kongress u.v.m.*

100 Seiten

Buch	11 602	21,80 €
PDF	P11 602	17,49 €

PDF-Schullizenz 70,- €

6 7 8 9 10

Birgit Brandenburg

Wichtige Entdecker der Geschichte

Inhalt: *Christoph Kolumbus (Ein Seeweg nach Indien wird gesucht ...); Howard Carter (Weltberühmtes Telegramm ...); Marco Polo (Begehrter Werbeträger, Wahrheit oder Lüge?); Galileo Galilei (Die Erde - das Zentrum?), James Cook u.a.*

72 Seiten

Buch	10 995	18,80 €
PDF	P10 995	14,99 €

PDF-Schullizenz 60,- €

5 6 7 8

Friedhelm Heitmann

Die Entstehung der USA

Inhalt: *Indianische Kulturen; Kolonialzeit; Franzosen, Briten und Indianer; Sklaverei; Die amerikanische Revolution; Die „Boston-Tea-Party"; Der amerikanische Bürgerkrieg; Die neue Verfassung; Politik des jungen Staates u.v.m.*

72 Seiten

Buch	11 703	17,80 €
PDF	P11 703	14,49 €

PDF-Schullizenz 58,- €

6 7 8 9 10

Lynn-Sven Kohl & Moritz Quast

Die Zeit der Industrialisierung Ein neues Zeitalter

Inhalt: *Wie alles begann; Erste Maschinen; England - Treibender Motor in Europa; Die Überwindung der Zeit; Erste große Fabriken in Deutschland; Arbeiten in einer Fabrik; Gesellschaftswandel; Der Wandel der Städte und der Landschaft; Die Kehrseite der Industrialisierung; Die große Auswanderungswelle; Die soziale Frage; Folgen der Industrialisierung u.v.m.*

48 Seiten

Buch	10 664	14,80 €
PDF	P10 664	11,99 €

PDF-Schullizenz 48,- €

6 7 8 9 10